100 %
THÈME
ALLEMAND

Entraînement à la traduction

littérature, presse, thème grammatical

Hélène LAMBERT
Agrégée d'allemand, docteur en lettres
Professeur en classes préparatoires

ellipses

Du même auteur, chez le même éditeur

– *Allemand. 100 % version*, 2012.

– *Allemand. Entraînement et auto-évaluation, compréhension écrite, expression écrite, A2-B1*, 2010.

– *Allemand. Entraînement au thème et à la version*, 2008.

– « E.T.A. Hoffmann » ; « Luise Rinser », in *Guide de la littérature allemande des origines à nos jours*, dir. J.-P. Demarche, 2006.

– « *Dürer, universeller Künstler zwischen Mittelalter und Neuzeit* », in *Kultur-Mosaik 2*, 2002.

ISBN 978-2-7298-77637
©Ellipses Édition Marketing S.A., 2013
    32, rue Bargue 75740 Paris cedex 15

www.editions-ellipses.fr

Préface

Ce manuel d'entraînement au thème est destiné aux étudiants de l'université, des classes préparatoires aux grandes écoles, et à tous ceux qui préparent des examens ou concours comportant une épreuve de traduction du français vers l'allemand. Il leur est en effet nécessaire de s'entraîner régulièrement afin de maîtriser un exercice de type nouveau, le thème n'étant pas pratiqué dans l'enseignement secondaire.

Les 71 textes qui suivent sont issus de la presse écrite, d'Internet, d'essais ou de romans contemporains écrits dans une langue actuelle. Un certain nombre de sujets d'annales donnés dans divers concours sont également retranscrits et corrigés, seul le titre a dû être rajouté à ceux qui n'en avaient pas afin d'unifier la présentation de ce manuel. De même, les phrases des 15 thèmes grammaticaux sont issues de différents concours (écoles de commerce, écoles d'ingénieurs).

Les sujets abordés vont de l'écologie à la famille, des nouvelles technologies au commerce ; ils fournissent un panorama des questions actuelles débattues dans la société allemande, autrichienne ou suisse, et sont récapitulés dans l'index thématique situé à la fin de l'ouvrage. Le degré de difficulté de chacun des textes, indiqué par des astérisques à la suite de chaque titre, est également rappelé dans l'index.

Chaque extrait est complété par les rubriques intitulées « repères lexicaux » et « repères grammaticaux » qui fournissent de nombreuses explications de vocabulaire (traduction, dérivations, contraires, etc.) et de mise au point orthographique ou grammaticale.

Comment utiliser le manuel ?

L'étudiant piochera librement au gré de ses besoins dans les textes, guidé par son souci de travailler de manière progressive ou thématique. Il n'est en aucun cas nécessaire de commencer par le premier texte de l'ouvrage et de finir par le dernier.

Une fois le texte sélectionné, il convient de ne jamais se précipiter pour le traduire. Il est impératif de l'appréhender tout d'abord dans sa globalité, de le relire ensuite en repérant les verbes, les articulations, les difficultés de construction. C'est seulement à ce moment que l'on peut commencer à traduire, en s'aidant si besoin du vocabulaire indiqué à la suite du texte, et que l'on peut vérifier l'exactitude de ses propositions par rapport aux repères grammaticaux. L'emploi d'un ouvrage de grammaire est recommandé afin d'approfondir les notions. La phase suivante, phase de relecture, ne doit pas être négligée. N'a-t-on oublié aucun terme ? N'a-t-on pas esquivé des difficultés ? Il faut attacher une attention particulière aux déclinaisons, à la place du verbe, à ses formes irrégulières. En dernier lieu seulement, on comparera sa traduction à celle du livre.

Les progrès ne seront durables que si l'on s'entraîne méthodiquement et régulièrement au thème, et à condition également que l'on prenne ensuite le temps de mémoriser le lexique nouveau, les tournures, et même certaines phrases dans leur intégralité.

Et n'oubliez pas : traduire des thèmes, qui est d'ordinaire considéré comme un exercice redoutable par les étudiants, peut procurer une réelle satisfaction !
Auch das musste einmal gesagt werden!

1 La vie quotidienne **

1. Il nous a demandé de ne pas faire autant de bruit dans le couloir.
2. Depuis combien de temps vos parents habitent-ils Londres ?
3. Nous ne sommes pas habitués à nous lever si tôt !
4. Et si on allait dîner ? Il est déjà presque 20 heures 30.
5. Ils regrettent de n'avoir pas vendu leur appartement en Espagne.
6. Mon frère a quitté l'Allemagne en 2005 et il vit en Australie depuis.
7. Comme il pleuvait, ils sont restés à la maison dimanche.
8. Ça ne vous ennuie pas de fermer cette fenêtre ?
9. La maison que nous aurions aimé acheter a été vendue il y a quelques heures à une famille autrichienne.
10. Faut-il vraiment posséder une voiture quand on habite une grande ville ? Je n'en suis pas sûre.

▶ *Proposition de traduction*

1. Er hat uns darum gebeten, im Gang nicht so viel Lärm zu machen / nicht so laut zu sein.
2. Wie lange leben Ihre / eure Eltern schon in London?
3. Wir sind nicht daran gewöhnt, so früh aufzustehen!
4. Wie wäre es mit dem Abendessen? Es ist schon beinahe halb neun.
5. Sie bedauern, ihre Wohnung in Spanien nicht verkauft zu haben.
6. Mein Bruder hat Deutschland 2005 verlassen und lebt seitdem in Australien.
7. Da es regnete, sind sie am Sonntag zu Hause geblieben.
8. Würde es Sie stören, dieses Fenster zuzumachen / zu schließen?
9. Das Haus, das wir gern gekauft hätten, ist vor ein paar Stunden an eine österreichische Familie verkauft worden.
10. Muss man wirklich ein Auto besitzen, wenn man in einer Großstadt lebt? Ich bin mir dessen nicht sicher.

2 L'agroalimentaire allemand en plein essor **

Dans le sillage des hard discounters Aldi et Lidl, l'industrie alimentaire allemande est devenue un poids lourd européen. En France, on grogne... notamment dans la filière viande qui juge cette concurrence déloyale.

Un supermarché Lidl de la banlieue parisienne, un soir de semaine. Dans notre Caddie : du jambon en tranches, du jambon cru, du riz au lait à la vanille, du yaourt à boire, du bacon, des nuggets de poulet surgelés, de la viande de bœuf surgelée, une pizza, de la pâte à tartiner et quelques bières... Tous « made in Germany », même la confiserie piochée avant de passer en caisse ! Et à des prix défiant toute concurrence. Les industriels du secteur ont su ne pas se reposer uniquement sur leur marché intérieur. Ils sont partis à la conquête du marché européen.

L'Usine Nouvelle (abrégé)

▶ *Au fil du texte*

■ Repères lexicaux

- l'agro-alimentaire : « die Nahrungsmittelindustrie »
- en plein essor : « im Aufschwung »
- le sillage : « das Kielwasser » lorsqu'il s'agit d'un bateau, et au sens figuré « dans le sillage » se traduit par « im Fahrwasser », « im Schlepptau » (« das Schlepptau » signifiant « le câble de remorquage »).
- le hard discounter : « der Harddiscounter »
- le supermarché Lidl : « der Lidl Supermarkt », « die Lidl Zweigstelle »
- le poids lourd : « das Schwergewicht »
- grogner : « nörgeln »
- notamment : « namentlich », « vor allem »
- la filière : « die Branche (n) »
- la viande : « das Fleisch »
- juger comme : « betrachten als » ; « juger » au sens de « prononcer un jugement » : « beurteilen »
- la concurrence déloyale : « der unlautere Wettbewerb »
- la banlieue : « die Banlieue » plutôt que « die Vororte » (pluriel) car il s'agit de la banlieue parisienne, désignée souvent par le terme français dans la presse allemande.
- un soir de semaine : il n'existe pas de mot composé en allemand, il faudra écrire « ein Abend in der Woche ».

– le Caddie (nom de marque déposée, d'où la majuscule) : « der Einkaufswagen »

– le jambon : « der Schinken »

– la tranche : « die Scheibe (n) »

– cru : « roh »

– le yaourt : « der Jog(h)urt (s) », mais le nom est neutre en Suisse et en Autriche (« das Joghurt »), et... féminin dans la région de Vienne (« die Joghurt ») !

– le bacon : « der Bacon », « der Lachsschinken »

– le poulet : « das Hähnchen (-) » ; « la poule » : « das Huhn (¨er) » ; « le nugget de poulet » : « das Hühnernugget (s) »

– surgelé : « tiefgekühlt », « tiefgefroren » ; « le produit surgelé » : « die Tiefkühlkost »

– le bœuf : « das Rind (er) » ou « das Rindfleisch » pour désigner la viande ; « das Rind (er) » signifie « le bovin ».

– la pâte à tartiner : « der Brotaufstrich » ; « tartiner » : « streichen (i,i) » (qui signifie également « peindre » pour de grandes surfaces).

– les bières : au pluriel, « die Bierdosen », « die Bierflaschen », « die Biersorten »

– tous : « alles » (singulier en allemand) au sens de « tout cela », et non « alle » : « tous les gens »

– la confiserie : « der Konfekt », « die Süssigkeit (en) » ; « le bonbon » : « das Bonbon (s) »

– piocher : « heraus/picken », « heraus/greifen (i,i) », « heraus/fischen »

– le prix défiant toute concurrence : « der Spottpreis (e) »

– l'industriel : « der Industrielle (n,n) », adjectif substantivé (« ein Industrieller »)

– ont su : il faut comprendre « ont réussi », le verbe « savoir » est inutilisable en allemand ici. On traduira par « Den Industriellen ist es gelungen,... zu + infinitif » ou bien par « Die Industriellen haben es geschafft,... zu + infinitif ».

– reposer sur : en général « beruhen auf + datif », « basieren auf + datif », « sich aus/ ruhen auf + datif » (« se reposer sur ses lauriers » : « sich auf seinen Lorbeeren aus/ ruhen ») mais ici au sens de « se limiter à » : « sich beschränken auf + acc. ».

– le marché intérieur : « der Binnenmarkt »

– partir à la conquête de : en général « auf Eroberungsjagd gehen (i,a) », mais ici « sind dabei,... zu erobern ».

Die deutsche Nahrungsmittelindustrie im Aufschwung

Im Fahrwasser der Harddiscounter wie Aldi und Lidl ist die deutsche Lebensmittelindustrie zu einem europäischen Schwergewicht geworden. In Frankreich nörgelt man... vor allem in der Fleischbranche, die diesen Wettbewerb als unlauter betrachtet.

In einem Lidl Supermarkt der Pariser Banlieue, an einem Abend in der Woche. In unserem Einkaufswagen: Scheibenschinken, roher Schinken, Milchreis mit Vanillegeschmack, Trinkjogurt, Bacon, tiefgekühlte Hühnernuggets, tiefgefrorenes Rindfleisch, eine Pizza, Brotaufstrich und ein paar Bierdosen... Alles « made in Germany », sogar der Konfekt, den man sich kurz vor der Kasse herausgepickt hat: das alles zu Spottpreisen! Den Industriellen der Branche ist es gelungen, sich nicht nur auf ihren Binnenmarkt zu beschränken. Sie sind dabei, den europäischen Markt zu erobern.

3 | Le futur A 320 ne sera pas assemblé à Toulouse ***

D'ici 20 ans, l'Airbus nouvelle génération sera finalisé en Allemagne.

À terme, la nouvelle génération des Airbus A 320 sera uniquement assemblée à Hambourg, abandonnant définitivement Toulouse dont les chaînes seront essentiellement consacrées aux avions gros porteurs, l'A 380 et le futur A 350. L'information publiée hier par le *Financial Times Deutschland* a semé quelque peu le trouble en pleine torpeur estivale. [...] Pour l'instant, c'est plutôt l'embellie pour Airbus. L'avionneur a enregistré 118 commandes nettes sur les sept premiers mois de l'année et a livré 288 appareils. Mais ce contexte favorable pour Airbus ne rassure pas pour autant les représentants syndicaux. Ceux-ci redoutent que la réorganisation industrielle d'Airbus ne conduise à une externalisation à outrance.

www.ladepeche.fr

▶ *Au fil du texte*

■ Repères lexicaux

– futur : « zukünftig » (adj.) ; « le futur » : « die Zukunft »

– l'A 320 : « die A 320 ». Les noms d'avions sont féminins en allemand (« die Boeing 737 », « die A 380 ») mais on dit « der Airbus A 380 ».

– assembler : « montieren », « fertigen »

– d'ici (durée) : « binnen + datif »

– à terme : « langfristig »

– uniquement : « ausschließlich »

– définitivement, définitif : « endgültig »

– la chaîne : « das Fließband (¨er) » ; « le travail à la chaîne » : « die Fließband-arbeit »

– être consacré : « gewidmet sein + datif », ici plutôt : « zur Verfügung stehen + datif »

– l'avion gros porteur : « das Großraumflugzeug (e) »

– l'information : « die Nachricht (en) » ; « les informations télévisées » : « die Fernsehnachrichten »

– publier : « veröffentlichen » ; « la publication » : « die Veröffentlichung »

– le *Financial Times Deutschland* : « die *Financial Times Deutschland* », féminin car le mot « die Zeitung » est sous-entendu.

- semer le trouble : « für Wirbel / Trubel sorgen »
- en plein : « mitten in + datif »
- la torpeur estivale : « die Sommerpause »
- plutôt : « eher »
- l'embellie : « die Aufheiterung » (économique, mais avant tout climatique) ; « heiter » : « serein » (pour le ciel ou un caractère). Au sens figuré, « c'est l'embellie pour » : « die Wirtschaftslage ist vorteilhaft / freundlich für ».
- enregistrer une commande : « eine Bestellung auf/nehmen (i;a,o) » ; mais dans un café lorsque le serveur prend une commande, on utilise un autre préverbe, « entgegen/nehmen (i;a,o) ».
- net : « netto » ; « brut » : « brutto » ; « le Produit intérieur brut » (PIB) : « das Bruttoinlandsprodukt » (BIP) ; « le salaire net » : « das Nettoeinkommen » ; « le salaire brut » : « das Bruttoeinkommen »
- livrer : « liefern » ; « la livraison » : « die Lieferung (en) » ; « le délai de livraison » : « die Lieferfrist (en) » ; « effectuer une petite livraison », « livrer » (au sens de « déposer » un meuble ou une machine à laver au pied de l'immeuble) : « ab/liefern »
- l'appareil : « die Maschine (n) », « der Flieger (-) »
- le contexte : « das Umfeld », « das Wirtschaftsumfeld », « der Kontext »
- le représentant : « der Vertreter (-) » ; « le syndicat » : « die Gewerkschaft (en) » ; « le syndicaliste » : « der Gewerkschaftler (-) »
- ceux-ci : « diese » ou bien « sie ». Il est inutile de recourir aux pronoms « jene » ou « letztere » car il n'y a pas d'ambiguïté possible sur l'antécédent, « les représentants syndicaux » étant placé immédiatement avant le pronom démonstratif.
- redouter : « befürchten » ; « la crainte » : « die Furcht »
- la réorganisation : « die Umstrukturierung », « die Neuorganisierung » ; « réorganiser » : « umstrukturieren », « neu organisieren »
- externalisation : « die Auslagerung (en) » (de préférence au pluriel dans la traduction) ; « externaliser » : « aus/lagern »
- à outrance : rendre par des adjectifs tels que « unverhältnismäßig », « übermäßig », « maßlos », « übertrieben » (dérivé du verbe « übertreiben (ie,ie) », qui signifie « exagérer »), ou « verstärkt » (de « verstärken » : « renforcer »).

■ Repères grammaticaux

- ne sera pas assemblé, sera finalisé, sera assemblée : « wird nicht montiert werden », « wird gefertigt werden », « wird montiert werden » : les trois premières phrases de l'article sont au futur du passif, d'où l'emploi de l'auxiliaire « werden » suivi d'un participe passé (« montiert », « gefertigt », « montiert ») puis de la forme « werden » à l'infinitif. Cependant, pour un titre de journal, on préférera en allemand le présent passif (« wird montiert »), plus percutant.
- abandonnant : le participe présent français sera rendu par une principale dont le verbe est au futur (« abandonnera » : « wird... verlassen »).

- l'information publiée hier par le *Financial Times Deutschland* : « die gestern von der *Financial Times Deutschland* veröffentlichte Nachricht », qualificative. La base « Nachricht » est précédée du participe passé utilisé comme un adjectif (« veröffentlichte »), c'est l'article « die » qui est en première place du groupe, avant le complément d'agent (« von der *Financial Times Deutschland* »).
- ce contexte favorable pour Airbus : « dieser für Airbus günstige Kontext », qualificative. Les compléments sont placés dans l'ordre inverse du français, derrière l'article (« dieser ») et avant la base (« Kontext »).
- ne conduise : le subjonctif français qui suit l'emploi du verbe « redouter » est inutile dans la traduction allemande : « führt » est un indicatif ; « befürchten » ne commande en aucun cas le subjonctif.

▶ *Proposition de traduction*

Die zukünftige A 320 wird nicht in Toulouse montiert

In 20 Jahren wird die nächste Airbusgeneration in Deutschland gefertigt werden. Langfristig wird die neue Generation der Airbus Flugzeuge ausschließlich in Hamburg montiert werden und so Toulouse endgültig verlassen, wo die Fließbänder hauptsächlich den Großraumflugzeugen, der A 380 und der zukünftigen A 350 zur Verfügung stehen werden. Die gestern von der *Financial Times Deutschland* veröffentlichte Nachricht hat mitten in der Sommerpause für einen ziemlichen Wirbel gesorgt. [...] Zurzeit ist die Wirtschaftslage für Airbus eher vorteilhaft. Der Flugzeughersteller hat in den ersten sieben Monaten des Jahres 118 Nettobestellungen aufgenommen und 228 Maschinen geliefert. Jedoch beruhigt dieses für Airbus günstige Umfeld die Vertreter der Gewerkschaften nicht. Diese befürchten, dass die industrielle Umstrukturierung von Airbus zu unverhälnismäßig hohen Auslagerungen führt.

4 | La dépression **

Il y a deux ans, lorsque j'ai perdu mon père, je n'avais plus de goût à la vie. Plus rien, plus personne ne trouvait grâce à mes yeux, et je me suis laissé envahir par une force inquiétante et diffuse, qui m'aspirait, m'empêchant de me lever le matin, de sortir et de voir des amis, sans que je puisse rien faire. Je n'avais pas le courage de lire, et regarder la télévision me fatiguait. Je m'endormais facilement, mais je me réveillais prématurément. Je me réveillais, misérable, malheureuse du jour qui se lève, et je me couchais sans attente du jour qui suit. Je déambulais dans mon appartement, seule, et je commençais à perdre tout espoir de retrouver un sens à mon existence, lorsqu'un matin, j'ai reçu une lettre venant d'Italie, de la part d'un homme qui cherchait des renseignements sur un certain Georges B.

Éliette Abécassis, *Mon père*, Albin Michel, 2002, p. 7-8

▌ *Au fil du texte*

■ Repères lexicaux

– il y a : « vor + datif » complément de temps (surtout pas : « es gibt + acc. »)

– le goût : « das Gefallen », « der Geschmack » ; « le goût de la vie » : « das Gefallen / der Geschmack am Leben » ; « le goût de la fraise » : « der Geschmack der Erdbeere » ; « le goût fraise » : « der Erdbeergeschmack »

– plus rien et plus personne : « nichts und niemand mehr » (expression figée)

– trouver grâce aux yeux de quelqu'un : « vor jemandes (génitif) Augen Gnade finden (a,u) », « vor jemandem (datif) Gnade finden (a,u) »

– se laisser envahir par : « sich überwältigen lassen durch + acc. »

– inquiétant : « beunruhigend » ; « l'inquiétude » : « die Besorgnis », « die Unruhe » ; « s'inquiéter de » : « sich sorgen um + acc. »

– diffus : « unbestimmt »

– aspirer, sucer : « aus/saugen » ; « l'aspirateur » : « der Staubsauger »

– empêcher de : « hindern an + datif »

– le courage : « der Mut » ; « courageux » : « mutig »

– fatiguer : « ermüden » ; « être fatigué » : « müde sein » ; « la fatigue » : « die Müdigkeit »

– prématurément : « vorzeitig », « vor der Zeit »

– misérable, malheureuse : « elend », « unglücklich », « bedauernswert », « erbärmlich », mais « la misère financière » : « das finanzielle Elend »

– le jour qui suit : simplement « der nächste / folgende Tag »

– déambuler, errer : « (herum/)irren », « (herum/)schweifen », « (herum/) streifen »

- le sens : « der Sinn (e) »
- l'existence : « das Dasein », « die Existenz »
- le renseignement sur : « die Auskunft (¨e) über + acc. » ; « chercher des renseignements sur » : « Auskünfte suchen über + acc. », « sich erkundigen nach + datif »
- un certain, une certaine : « ein gewisser / eine gewisse / ein gewisses »

■ **Repères grammaticaux**

- lorsque j'ai perdu mon père : la conjonction de subordination est « als » (et non pas « wenn » !) car le fait est unique et passé.
- m'empêchant de : le participe présent sera rendu par un verbe conjugué au prétérit comme le précédent (« aussaugte »), on reliera les deux par la conjonction de coordination « und ».
- Les trois verbes « se lever » (« auf/stehen (a,a) »), « s'endormir » (« ein/schlafen (ä;ie,a) ») et « se réveiller » (« auf/wachen ») ne sont pas réfléchis en allemand.
- sans que je puisse : en français, au subjonctif, mais en allemand « ohne dass ich … konnte » est un indicatif.
- regarder la télévision : « Fernsehen », ici verbe substantivé avec majuscule et article neutre.
- lorsqu'un matin j'ai reçu : « als » ne serait utilisé qu'avec une principale au plus-que-parfait (« hatte jede Hoffnung verloren, als ich… erhielt »), on utilisera « bis » après un prétérit (« verlor jede Hoffnung, bis ich… erhielt »).
- un matin : « eines Morgens », ce complément de temps est au génitif, comme « eines Tages », « un jour ». On notera la majuscule présente dans « eines Morgens » mais absente dans l'adverbe utilisé un peu plus haut dans le texte, pour traduire « le matin » au sens de « tous les matins », « morgens ».

▶ *Proposition de traduction*

Die Depression

Vor zwei Jahren, als ich meinen Vater verlor, fand ich kein Gefallen mehr am Leben. Nichts und niemand fand mehr Gnade vor meinen Augen und ich ließ mich durch eine beunruhigende und unbestimmte Kraft überwältigen, die mich aussaugte und daran hinderte, morgens aufzustehen, auszugehen und Freunde zu treffen, ohne dass ich etwas dagegen tun konnte. Ich hatte nicht den Mut zu lesen, und Fernsehen ermüdete mich. Ich schlief leicht ein, aber ich wachte vorzeitig auf. Ich wachte auf, elend, unglücklich über den Tag, der hereinbrach, und legte mich zu Bett, ohne Erwartung des nächsten Tages. Ich irrte allein durch meine Wohnung und allmählich verlor ich jede Hoffnung, in meinem Dasein wieder einen Sinn zu finden, bis ich eines Morgens einen Brief aus Italien erhielt, von einem Mann, der Auskünfte über einen gewissen Georges B. suchte.

5 | Sur l'aire d'autoroute ***

Manon s'est réveillée un peu avant Rennes, elle ne savait plus où elle était ni où on allait. Je veux rentrer à la maison, s'entêtait-elle à dire. J'ai eu beau tout faire pour la distraire, passer en revue les disques et les jeux que je connaissais, elle n'en a pas démordu. J'ai fini par mettre le clignotant. La station-service était moche et bondée, on a erré un moment dans les rayons, Manon reniflait et me tenait la main comme si elle avait peur de se perdre. Je l'ai attirée vers les peluches, des panthères aux yeux brillants, un mouton au poil terne et un cochon bizarroïde se disputaient la plus haute étagère, mais rien ne lui a plu. Dans son coin, Clément feuilletait des magazines de jeux vidéo. Je voyais mal l'intérêt qu'on pouvait trouver à ce genre de trucs, dans ce domaine comme dans bien d'autres rien ne me semblait valoir la pratique, mais j'ai quand même sorti quatre euros de la poche arrière de mon jean et nous sommes repartis.

Olivier Adam, *Des vents contraires*, éditions de l'Olivier, 2008, p. 19

▶ *Au fil du texte*

■ Repères lexicaux

– l'aire d'autoroute : « die Autobahnraststätte (n) ». Il s'agit d'un mot composé à partir de « die Stätte (n) » : « le lieu », « l'endroit » (que l'on utilise pour traduire « les lieux saints » : « die heiligen Stätten »), de « die Rast » : « le repos », « la halte », et du mot « die Autobahn (en) » : « l'autoroute ».

– se réveiller : « wach werden », « erwachen » (verbe non réfléchi contrairement au français)

– s'entêter : « sich versteifen auf + acc. », « hartnäckig beharren auf + acc. ». Ici, « s'entêter à dire », « dire avec entêtement » : « hartnäckig sagen », « mit Nachdruck sagen ».

– distraire : « ab/lenken von + datif » au sens de « détourner l'attention ».

– passer en revue, énumérer : « auf/zählen », « Revue passieren lassen » ; « l'énumération » : « die Aufzählung »

– le CD : « die CD (s) ». Attention : ce terme est féminin en allemand.

– ne pas en démordre : « davon nicht abzubringen sein »

– finir par : utiliser l'adverbe « schließlich » + verbe car il n'y a pas de verbe correspondant en allemand.

– clignoter : « den Blinker setzen », « blinken » ; « le clignotant » : « der Blinker »

– le garage : « die Tankstelle (n) » au sens de « la station-service » ; « le garage de réparation mécanique » : « die Autowerkstatt (¨en) » ; « le garage » au sens de parking : « die Garage (n) » ; « le parking souterrain » : « die Tiefgarage (n) ».

– moche : « potthässlich » (familier) ; « laid » : « hässlich »

– bondé : « überfüllt »

– errer : « irren », « (umher/)schweifen »

– le rayon : « das Regal (e) » ; attention à la traduction du mot « le régal » : « der Genuß »

– renifler : « schniefen » (après avoir pleuré), « schnüffeln » ; « être enrhumé » : « erkältet sein » ; « le rhume » : « der Schnupfen », « die Erkältung »

– se perdre : « sich verlaufen (äu;ie,au) ». On ne peut pas utiliser le verbe « verlieren (o,o) ».

– attirer : « ziehen (o,o) », « locken »

– la peluche : « das Plüschtier (e) »

– le poil, le pelage : « das Fell » (sing. invariable), « das Haar (e) »

– terne : « stumpf », « matt »

– bizarroïde : « merkwürdig »

– se disputer : ici, « sich auf die Füsse treten » et non pas « sich streiten ».

– feuilleter : « durch/blättern » ; « la feuille » (d'arbre ou de papier) : « das Blatt (¨er) »

– ce genre de trucs : « ein solches Zeug » (sing. en allemand), « solche Sachen » (pluriel)

– le domaine : « der Bereich (e) »

– rien ne me semblait valoir la pratique : intraduisible mot à mot, il faut trouver une périphrase (par exemple « Übung schien mir das einzig Richtige »).

– sortir de l'argent de la poche : « holen », « fischen »

– l'euro : « der Euro (-) » ; « le centime » : « der Cent (-) ». Bien noter que les pluriels sont invariables.

■ **Repères grammaticaux**

– J'ai eu beau tout faire, elle n'en a pas démordu : « Was auch immer ich tat, / Was ich immer tat, sie war nicht davon abzubringen ». Pour exprimer la concession en allemand, le verbe dans la principale sera en 2e place après le sujet « sie war » (sujet puis verbe après la virgule, au lieu de verbe puis sujet).

– un moment : « eine Zeit lang », complément de temps à l'accusatif, cas qui apparaît plus clairement au masculin dans « einen Augenblick lang » : « pendant un instant ».

– comme si elle avait peur : « als ob sie Angst hätte ». « Als ob » est suivi du subjonctif II.

Auf der Autobahnraststätte

Manon wurde kurz vor Rennes wach, sie wusste nicht mehr, wo sie war noch wohin wir fuhren. Ich will nach Hause, sagte sie immer wieder hartnäckig. Ich tat, was ich konnte, um sie zu zerstreuen, zählte die CDs und die Spiele auf, die ich kannte, sie war nicht davon abzubringen. Schließlich habe ich den Blinker gesetzt. Die Tankstelle war hässlich und überfüllt, wir sind eine Zeit lang durch die Regale geirrt, Manon schniefte und hielt mich an der Hand fest, als hätte sie Angst, sich zu verlaufen. Ich habe sie zu den Plüschtieren gelockt, Panther mit glänzenden Augen, ein Schaf mit stumpfem Fell und ein merkwürdiges Schwein traten sich im obersten Regal auf die Füße, aber nichts hat ihr gefallen. In seiner Ecke blätterte Clément Videospielzeitschriften durch. Mir war nicht klar, wozu solches Zeug gut sein sollte, in diesem Bereich wie in vielen anderen schien mir Übung das einzig Richtige, aber ich habe trotzdem vier Euro aus der Hintertasche meiner Jeans geholt und wir sind wieder losgefahren.

6 | À Berlin-Est **

Quand Maria signa le reçu avec le stylo de Hans, Théo dit :
— Vous faites partie de la famille, maintenant.
— Vous aurez un logement et une loge personnelle au Deutsches Theater, ajouta Hans.
— Il faut que nous sachions qui est Brecht... À quoi il pense.
Maria leva ses yeux pâles et se troubla.
— Mais... Mais...
— Il suffit que vous vous placiez auprès de Brecht. Vous verrez, Brecht viendra vous chercher le soir dans votre loge, vous n'avez qu'à lui ouvrir la porte... Parfois, vous devrez l'écouter, parfois lui poser quelques questions. Vous savez qu'en face, les Américains, c'est la guerre, de nouveau, qu'ils préparent. On veut savoir qui il est. Autant de temps passé en Californie... Il a quitté l'Allemagne depuis si longtemps...

Jean-Pierre Amette, *La Maîtresse de Brecht*, Albin Michel, 2003, p. 34-35

▶ *Au fil du texte*

■ Repères lexicaux

— le reçu, la quittance : « die Quittung (en) »
— le stylo-plume : « der Füllfederhalter (-) » ; « le stylo à bille » : « der Kugelschreiber (-) », « der Kuli (s) » ; « le crayon de couleur » : « der Buntstift (e) » ; « le crayon à papier » : « der Bleistift (e) »
— faire partie de : « gehören zu + datif »
— avoir, disposer de : « verfügen über + acc. » ; « avoir à disposition quelque chose » : « etwas zur Verfügung haben », « etwas steht zur Verfügung »
— ajouter : « hinzu/fügen »
— lever ses yeux : « auf/blicken zu + datif », « die Augen auf/heben (o,o) zu + datif »
— pâle : « blass » ; « la pâleur » : « die Blässe »
— se troubler : « unsicher werden »
— se placer auprès de Brecht : « sich in Brechts Nähe platzieren », « sich nahe an Brecht platzieren », « Brechts Nähe suchen »
— aller chercher quelqu'un : « jemanden ab/holen »
— écouter : « zu/hören + datif »
— en face : « drüben », c'est le terme que l'on utilisait pour parler de l'autre Allemagne.

– préparer : « vor/bereiten » ; « la préparation de » : « die Vorbereitung (en) auf + acc. »

– la guerre : « der Krieg (e) » ; « la Première Guerre mondiale » : « der Erste Weltkrieg » ; « la Deuxième Guerre mondiale » : « der Zweite Weltkrieg »

– autant de temps : « (eine) so lange Zeit » (sous-entendu « il a passé autant de temps en Californie » : « er hat eine so lange Zeit in Kalifornien verbracht »).

– il y a si longtemps : « vor so langer Zeit » ; « il y a longtemps » : « vor langer Zeit »

■ **Repères grammaticaux**

– À savoir : en allemand, dans un dialogue, chaque réplique est encadrée par des guillemets mais jamais annoncée par des tirets.

– Quand : « als » car fait unique dans le passé.

– À quoi il pense : en général, « woran er denkt » car le verbe « denken (a,a) » est suivi de la préposition « an + acc. ». On retrouve cette préposition dans le pronom interrogatif : « Woran denkt er? » : « À quoi pense-t-il ? ». Ici, la question est moins de savoir « à quoi il pense précisément » que « ce qu'il pense en général », que l'on traduira de préférence par « was er denkt ». Par ailleurs, la phrase est une interrogative indirecte (« nous voulons savoir à quoi il pense »), d'où la place du verbe à la fin de la subordonnée (cf. « On veut savoir qui il est » : « wir wollen wissen, wer er ist »).

▶ *Proposition de traduction*

In Ostberlin

Als Maria die Quittung mit Hans' Füllfederhalter unterschrieb, sagte Theo :
« Sie gehören jetzt zur Familie. »
« Sie werden über eine Wohnung und eine persönliche Loge im Deutschen Theater verfügen », fügte Hans hinzu.
« Wir müssen wissen, wer Brecht ist... Was er denkt. »
Maria blickte mit ihren blassen Augen zu ihm auf und wurde unsicher.
« Aber... Aber... »
« Sie müssen sich nur in Brechts Nähe platzieren. Sie werden schon sehen, Brecht wird Sie abends in Ihrer Loge abholen, Sie müssen ihm nur die Tür öffnen... Manchmal werden Sie ihm zuhören, manchmal ihm ein paar Fragen stellen müssen. Sie wissen ja, die Amerikaner drüben, sie bereiten wieder einmal den Krieg vor. Wir wollen wissen, wer er ist. So lange Zeit in Kalifornien... Er hat Deutschland vor so langer Zeit verlassen... »

7 | Les sciences **

1. Tu peux utiliser mon ordinateur portable tant que tu en as besoin.
2. Si mon appareil était tombé en panne, j'aurais dû en acheter un nouveau immédiatement.
3. Plus je lis le mode d'emploi, moins je le comprends.
4. Lorsque je me sers d'une telle machine, je suis toujours impressionnée.
5. Désolé, j'ai oublié le nom de l'inventeur.
6. De nombreux chercheurs regrettent de ne pas avoir eu les moyens pour pouvoir publier leur étude.
7. Ces dernières années, le progrès technique a été de plus en plus rapide.
8. Nous ferions mieux de ne pas être assis toute la journée devant des écrans.
9. Je viens de rencontrer l'ingénieur dont tu m'avais parlé.
10. De nombreux physiciens et chimistes allemands ont été récompensés pour leurs travaux, ou ont même reçu le prix Nobel.

▶ *Proposition de traduction*

1. Du kannst meinen Laptop / mein Notebook benutzen / nutzen, sooft du ihn / es brauchst.
2. Hätte mein Gerät eine Panne gehabt, so hätte ich sofort ein neues kaufen müssen.
3. Je mehr / je länger ich die Gebrauchsanweisung lese, desto weniger verstehe ich sie.
4. Wenn ich eine solche Maschine bediene / ein solches Gerät benutze, bin ich immer beeindruckt.
5. Es tut / Tut mir Leid, ich habe den Namen des Erfinders vergessen.
6. Zahlreiche Forscher bedauern, nicht die Mittel gehabt zu haben, um ihre Studie veröffentlichen zu können.
7. In den letzten Jahren hat sich der technische Fortschritt stark beschleunigt / ist der technische Fortschritt immer schneller geworden.
8. Wir sollten nicht den ganzen Tag vor Bildschirmen sitzen / Wir täten daran besser, nicht... zu sitzen.
9. Ich habe gerade den Ingenieur getroffen, von dem du mir erzählt hattest.
10. Zahlreiche deutsche Physiker und Chemiker wurden für ihre Arbeiten ausgezeichnet oder haben sogar den Nobelpreis erhalten.

8 | Un nouveau musée du mur ? *

[Sujet Iéna LV1 2001]

Il existe aujourd'hui en Allemagne un minuscule village où le passé est resté vivant. Mödlareuth, qui compte 46 habitants, est situé au Nord de la Bavière et était autrefois coupé en deux par le Mur. Mais à la différence de Berlin ce Mur, ici, n'a jamais été complètement détruit, si bien qu'il est devenu un symbole du passé et de l'ancienne séparation entre la RFA et la RDA. 50 000 visiteurs s'y rendent chaque année pour découvrir ou revivre une page d'histoire allemande.

Classes scolaires et amateurs d'histoire s'intéressent particulièrement au musée financé par une association locale. Celle-ci regroupe des communes, des particuliers et l'État fédéral qui assure la moitié du budget. Certains envisagent de faire construire pour huit millions de marks un édifice où l'on pourrait organiser des congrès. Les villageois ne s'enthousiasment guère pour ce projet, autant pour des raisons financières que par crainte d'être dérangés en permanence par les touristes.

D'après un article paru dans *CIDAL*, 11.10.2000 (ces références ne sont pas à traduire)

▶ Au fil du texte

■ Repères lexicaux

- aujourd'hui : « heutzutage », « heute »
- minuscule : « winzig »
- le village : « das Dorf (¨er) » ; « le villageois » : « der Dorfbewohner (-) »
- le passé : « die Vergangenheit »
- vivant : « lebendig »
- compter : « zählen » ; « le chiffre » : « die Zahl (en) »
- couper : « teilen » ; « la séparation » : « die Teilung »
- à la différence de : « im Unterschied zu + datif »
- complètement : « völlig »
- devenir (quelque chose d'autre, « se transformer en ») : « werden zu + datif »
- le symbole : « das Symbol (e) » ; « symboliser » : « symbolisieren »
- ancien : ici « ehemalig », et non pas « alt », car l'adjectif évoque un mur qui appartient au passé, et non son âge.
- la RFA, la République fédérale d'Allemagne : « die BRD » (« die Bundesrepublik Deutschland »)

- la RDA, la République démocratique allemande : « die DDR » (« die Deutsche Demokratische Republik »)
- le visiteur : « der Besucher (-) » ; « visiter » : « besuchen » ; « la visite » : « der Besuch »
- revivre : « wieder erleben ». Lorque le verbe français « vivre » est suivi d'un COD, on le traduit par « erleben » (verbe transitif), et non pas « leben », qui est en général intransitif (exception : les expressions telles que « ein angenehmes Leben leben »).
- l'amateur : « der Amateur (e) », « der Liebhaber (-) » ; « le professionnel » : « der Professionelle (n,n) », « der Profi (s) »
- particulièrement : « insbesondere », « besonders »
- financer : « finanzieren » ; « la finance » : « die Finanz (en) »
- l'association : « der Verein (e) »
- local : « lokal », « örtlich »
- regrouper : « umfassen » (le préverbe est inséparable : « hat umfasst »)
- la commune : « die Gemeinde (n) »
- le particulier : « die Privatperson (en) »
- l'État fédéral : « der Bund »
- assurer : « sichern »
- la moitié : « die Hälfte »
- le budget : « das Budget », « der Haushalt », « der Etat » (ne pas confondre avec la traduction de « l'État » : « der Staat » !)
- certains : « manche »
- envisager : « erwägen (o,o) » ; « la considération » : « die Erwägung (en) »
- le mark : « die Deutsche Mark », abréviation : « die DM »
- l'édifice : « das Gebäude (-) »
- le congrès : « die Tagung », « der Kongress (e) »
- s'enthousiasmer pour : « für etwas (acc.) zu haben sein », « sich begeistern für + acc. »
- à peine : « kaum »
- pour des raisons financières : « aus finanziellen Gründen » ; « pour cette raison » : « aus diesem Grund »
- la crainte : « die Furcht » ; « craindre » : « befürchten », « sich fürchten vor + datif »
- déranger : « stören » ; « le dérangement » : « die Störung (en) »
- en permanence : « ständig »

■ Repères grammaticaux

- le musée financé par une association locale : « das von einem Ortsverein finanzierte Museum ». Le groupe qualificatif début par un article (« das ») et finit par le noyau (« Museum »). On intercale les compléments entre ces deux extrémités dans l'ordre inverse du français. Le participe passé (« financé ») est décliné comme un adjectif (« finanzierte »)

– Certains envisagent de faire construire : « Manche erwägen,... bauen zu lassen ». « Faire » suivi d'un infinitif se traduit en allemand par « lassen + infinitif ».

▶ **Proposition de traduction**

Ein neues Mauermuseum?

Es gibt heutzutage in Deutschland ein winziges Dorf, in dem die Vergangenheit lebendig geblieben ist. Mödlareuth, das 46 Einwohner zählt, liegt in Nordbayern und war früher durch die Mauer zweigeteilt. Aber im Gegensatz zu Berlin ist diese Mauer hier nie völlig abgerissen worden, so dass sie zum Symbol der Vergangenheit und der ehemaligen Trennung der BRD und der DDR geworden ist. 50 000 Besucher begeben sich jedes Jahr dorthin, um eine Seite der deutschen Geschichte zu entdecken oder wieder zu erleben.

Schulklassen und Geschichtsliebhaber interessieren sich insbesondere für das von einem Ortsverein finanzierte Museum. Dieser Verein umfasst Gemeinden, Privatpersonen und den Bund, der die Hälfte des Etats sichert. Manche erwägen, ein acht Millionen Mark teures Gebäude bauen zu lassen, in dem man Tagungen veranstalten könnte. Die Dorfbevölkerung ist kaum für dieses Projekt zu haben, sowohl aus finanziellen Gründen als auch aus Angst, ständig von den Touristen gestört zu werden.

9 | En banlieue **

Vous connaissez Courbevoie ? J'habite dans un quartier inconnu situé juste derrière la Défense qui s'appelle le faubourg de l'Arche. Il n'y a presque pas de magasins dans ce quartier, il est beaucoup trop neuf. Il y a juste un Monoprix ouvert jusqu'à vingt-deux heures, pour les employés qui travaillent tard, une boulangerie pas bonne mais devant laquelle, comme c'est la seule du quartier, on voit toujours une queue de cent mètres le dimanche matin, et deux ou trois faux restaurants japonais (tenus par des Chinois). Courbevoie, de manière générale, c'est une ville moyenne : moyennement connue, moyennement peuplée, moyennement belle [...], et enfin, moyennement intéressante (à Courbevoie, il n'y a rien, sauf une vieille médiathèque, un club de plongée, un cinéma qui passe les films avec deux mois de retard).

Emmanuel Arnaud, *Une saison Rimbaud*, éditions du Rouergue, 2008, p. 5-6

▌ *Au fil du texte*

■ Repères lexicaux

— la banlieue, le faubourg : « der Vorort (e) », « die Vorstadt (¨e) » (mot utilisé par exemple à Vienne). On trouve dans la presse allemande contemporaine le mot français « die Banlieue » pour désigner « la banlieue parisienne ».

— connaître : « kennen (a,a) », car il s'agit d'une connaissance acquise après une observation. En conséquence, « wissen » est ici impossible.

— situé : « gelegen », participe qui correspond à l'infinitif « liegen (a,e) »

— beaucoup trop + adj. : « viel zu » + adj.

— être ouvert : « offen sein », « geöffnet sein », ou « offen haben »

— la boulangerie : « die Bäckerei (en) » ; « le boulanger » : « der Bäcker (-) » ; « la pâtisserie » : « die Konditorei (en) » ; « le pâtissier » : « der Konditor (en) »

— le seul, la seule : « der / die / das einzige »

— la queue : « die Schlange (n) » ; « faire la queue » : « Schlange stehen » (littéralement, « die Schlange (n) » : « le serpent »), « an/stehen (a,a) ».

— le dimanche matin : « am Sonntagvormittag / am Sonntagmorgen » ; « le dimanche » : « sonntags » ; « le matin » : « vormittags », « morgens », « am Vormittag / Morgen ». Ces adverbes prennent une minuscule.

— un faux restaurant : « unecht », « falsch » peuvent convenir mais ces adjectifs ont souvent le sens de mauvais (« le mauvais chemin » : « der falsche Weg ») ; « le faussaire » : « der Fälscher (-) » ; « le faux », « la copie » : « die Fälschung (en) » ; « faux », « copié » : « gefälscht »

– tenir un restaurant, un magasin : « ein Restaurant / ein Geschäft führen » ; « le gérant » : « der Geschäftsführer (-) »

– de manière générale, en général : « ganz allgemein (gesagt) » ; « généralement » : « im Allgemeinen », sans oublier la majuscule.

– moyen : « mittelmäßig ». Ne pas traduire comme si on lisait dans le texte « une ville moyenne » (d'importance moyenne) qui se dirait en allemand « eine mittlere Stadt » ou « eine mittelgroße Stadt » par opposition à la grande ville (« die Großstadt ») ou à la petite ville (« die Kleinstadt »). Il faut rendre en allemand le double sens de « moyen ».

– enfin : « letztendlich », « schließlich », « schließlich und endlich » (mais pas « endlich » seul, qui signifie « enfin », « finalement » quand il y a un soulagement)

– sauf : « bis auf + acc. »

– la médiathèque : « die Mediothek » (avec un o !), « die Stadtbücherei »

– le club : « der Verein (e) » ; « le club de plongée » : « der Tauchverein (e) », « der Tauchclub (s) »

– la plongée : « das Tauchen », « der Tauchsport » ; « le plongeur » : « der Taucher (-) »

– passer un film : « einen Film zeigen »

– le retard : « die Verspätung » ; « être en retard » : « zu spät kommen », « sich verspäten », ou familier « spät dran sein »

■ Repères grammaticaux

– les employés : « die Angestellten », il s'agit d'un adjectif substantivé (qui prend un -*n* à tous les cas sauf au masculin singulier nominatif et un -*r* après l'article indéfini au masculin singulier : « ein Angestellter »). « L'employée » : « die Angestellte » (nominatif et accusatif en -*e*, mais datif et génitif en -*n*)

– devant laquelle : « vor der ». Le pronom relatif est au datif féminin après la préposition « vor + datif ». L'antécédent est « die Bäckerei ».

– une queue de cent mètres : « eine hundert Meter lange Schlange ». Dans une qualificative, les compléments sont placés après l'article et avant le substantif (exemple : « der 300 Meter hohe Turm »).

– deux ou trois faux restaurants : « zwei oder drei unechte Restaurants ». On utilise la déclinaison forte (terminaison -*e*) après un adjectif numéral.

In der Banlieue

Kennen Sie Courbevoie? Ich wohne in einem unbekannten Viertel, direkt hinter la Défense gelegen, das Faubourg de l'Arche heißt. Es gibt in diesem Viertel fast keine Geschäfte, es ist viel zu neu. Es gibt nur ein Monoprix, das für die Angestellten, die lange arbeiten, bis zweiundzwanzig Uhr offen hat, eine nicht sehr gute Bäckerei, vor der man aber am Sonntagvormittag immer eine hundert Meter lange Schlange sieht, da sie die einzige des Stadtviertels ist, sowie zwei oder drei unechte japanische Restaurants (von Chinesen geführt). Courbevoie ist ganz allgemein eine mittelmäßige Stadt: mäßig bekannt, mäßig bevölkert, mäßig schön [...] und letztendlich mäßig interessant (in Courbevoie gibt es nichts, bis auf eine alte Mediothek, einen Tauchverein, ein Kino, das die Filme mit zwei Monaten Verspätung zeigt).

10 Mon prénom ***

Chez nous, on ne causait guère. Les enfants hurlaient et les adultes vaquaient à leurs tâches comme ils l'auraient fait dans la solitude. Nous mangions à notre faim, quoique frugalement, nous n'étions pas maltraités et nos vêtements de pauvres étaient propres et solidement rafistolés de telle sorte que si nous pouvions en avoir honte, nous ne souffrions pas du froid. Mais nous ne nous parlions pas.

La révélation eut lieu lorsque à cinq ans, me rendant à l'école pour la première fois, j'eus la surprise et l'effroi d'entendre une voix qui s'adressait à moi et disait mon prénom.

— Renée ? interrogeait la voix tandis que je sentais une main amie qui se posait sur la mienne.

C'était dans le couloir où, pour le premier jour d'école et parce qu'il pleuvait, on avait entassé les enfants.

Muriel Barbery, *L'Élégance du hérisson*, NRF, éditions Gallimard, 2006, p. 41

▶ *Au fil du texte*

■ Repères lexicaux

- le prénom : « der Vorname (n,n) » ; « le nom de famille » : « der Familienname (n,n) », « der Nachname (n,n) »
- causer : « sich unterhalten (ä;ie,a) », « reden », « sprechen (i;a,o) »
- hurler : « brüllen »
- vaquer à ses tâches : « seinen Beschäftigungen / einer Arbeit nach/gehen (i,a) », « seine Beschäftigungen / Aufgaben erledigen »
- la solitude : « die Einsamkeit » ; « solitaire » : « allein », « einsam »
- manger à sa faim : « sich satt essen »
- frugalement, frugal : « einfach », « frugal »
- maltraiter : « schlecht behandeln », « misshandeln »
- solidement : « ordentlich » (« comme il faut »), mieux que « fest »
- rafistoler, raccomoder : « (zusammen/)flicken »
- avoir honte de : « sich schämen + gén. » ou « sich schämen über + acc. » ; « la honte » : « die Schande »
- souffrir de : « leiden (i,i) unter + datif » (« unter der Kälte ») mais aussi « leiden (i,i) an + datif » (d'une maladie)
- la révélation : « die Offenbarung », « die Enthüllung » ; « révéler » : « offenbaren », « enthüllen »
- l'effroi : « der Schrecken (-) »

- s'adresser à : « sich richten an + acc. », « das Wort richten an + acc. »
- poser (la main) : « (die Hand) legen »
- le couloir : « der Gang (¨e) »
- entasser : « zusammen/pferchen », « scharen », « sammeln » ; « entasser » (des objets) : « an/häufen » ; « le tas » : « die Anhäufung »

■ **Repères grammaticaux**

- comme ils l'auraient fait : « genau so wie sie es... getan hätten ». La comparaison est à l'irréel, on utilise donc en allemand le subjonctif II. Le temps choisi ici est le passé, qui se forme avec l'auxiliaire « haben » ou « sein » au subjonctif II, c'est-à-dire « hätte » ou « wäre », suivi du participe passé.
- de telle sorte que si nous pouvions en avoir honte, nous ne souffrions pas du froid : « so dass wir uns zwar ihrer schämen konnten, aber nicht unter der Kälte litten ». La conséquence (« de telle sorte que ») est traduite par « so dass ». La concession (« si... ») est rendue par « zwar... aber ». Le pronom « en » a pour antécédent « les vêtements ». En allemand, le pronom puriel est « ihr », ici au génitif après le verbe « sich schämen ».
- Mais nous ne nous parlions pas : « nur wurde nicht gesprochen » pour bien mettre le verbe « parler » en valeur, mais « nur gesprochen wurde nicht » est également correct. On traduit en tout cas la phrase par un passif impersonnel. Dans la tournure allemande, pas de pronom réciproque (« nous ne nous »).
- me rendant à l'école : on traduit ici le gérondif français par une subordonnée introduite par « als » (« als ich... in die Schule ging »).
- la mienne : « die meine », « meine », il s'agit du pronom possessif féminin.

▶ *Proposition de traduction*

Mein Vorname

Bei uns wurde kaum gesprochen. Die Kinder brüllten und die Erwachsenen gingen ihren Beschäftigungen nach, genau so wie sie es allein getan hätten. Wir aßen uns satt, wenn auch einfach, wir wurden nicht schlecht behandelt und unsere Arme-Leute-Kleider waren sauber und ordentlich geflickt, so dass wir uns zwar ihrer schämen konnten, aber nicht unter der Kälte litten. Nur gesprochen wurde nicht.
Ich hatte die Offenbarung, als ich mit fünf zum ersten Mal in die Schule ging und mit Überraschung und Schrecken hinter mir eine Stimme hörte, die sich an mich richtete und meinen Vornamen aussprach.
– « Renée? » fragte die Stimme, während ich eine freundliche Hand fühlte, die sich auf die meine legte. Es war im Gang, wo man, für den ersten Schultag und weil es regnete, die Kinder zusammengepfercht hatte.

11 La construction navale *

Aujourd'hui, 80 % des navires sont construits en Asie. La construction navale allemande se place au quatrième rang dans le monde derrière la Corée, la Chine et le Japon, elle est leader en Europe. Quarante-trois navires ont été livrés au cours des neuf premiers mois de l'année. Les chantiers navals allemands emploient plus de 20 000 personnes. La crise économique et les difficultés de financement obligent les chantiers navals à se réorienter.

Deutschland (abrégé)

▶ *Au fil du texte*

■ Repères lexicaux

– la construction navale : « die Schiffbauindustrie », « der Schiffbau »

– le navire : « das Schiff (e) » ; « le bateau » : « das Boot (e) » ; « le bateau à voile » : « das Segelboot », « das Segelschiff » ; « le bateau à rame » : « das Ruderboot ». « Das Boot » désigne toujours une embarcation plus petite que « das Schiff ».

– l'Asie : « Asien » ; les continents (« die Kontinente ») sont les suivants : « Europa », « Afrika », « Asien », « Amerika », « Australien », « Antarktis ».

– se placer au quatrième rang : « an vierter Stelle rangieren », « an vierter Stelle stehen »

– être leader : « führend sein », « an erster Stelle stehen / rangieren »

– livrer : « liefern » ; « la livraison » : « die Lieferung (en) »

– au cours des derniers mois : « im Laufe / Verlauf der letzten Monate », « in den letzten Monaten »

– le chantier naval : « die Werft (en) »

– employer : « beschäftigen » ; « l'employé » : « der Beschäftigte (n,n) », « der Angestellte (n,n) »

– le financement : « die Finanzierung » ; « financer » : « finanzieren » ; « le ministère allemand des Finances » : « das Bundesfinanzministerium »

– obliger à : « zwingen (a,u) zu + infinitif »

– se réorienter : « sich neu orientieren ». L'adverbe « neu » est utile pour traduire le suffixe français *re-*, par exemple dans « etwas neu definieren » : « redéfinir quelque chose ». On peut également utiliser le préverbe allemand *um-* pour traduire un changement de direction devant un certain nombre de verbes comme : « sich um/orientieren » (cf. « réorganiser » : « um/gestalten » ; « se retourner » : « sich um/drehen »).

- **Repères grammaticaux**
  - Vérifiez que vous n'avez pas mis de virgule après le premier mot de votre traduction : en français, elle est nécessaire après « aujourd'hui », alors qu'il n'en faut en allemand ni après un adverbe placé en première place ni après un complément circonstanciel.
  - sont construits : peut se rendre par « werden hergestellt », « werden produziert » ou « werden gebaut ». Il s'agit dans tous les cas d'un passif présent, et on trouve ensuite « ont été livrés » : « wurden geliefert » (passif prétérit).
  - à se réorienter : on peut conserver en allemand une infinitive « sich neu zu orientieren » ou préférer le substantif plus élégant « zur Neuorientierung ».

> **Proposition de traduction**

Der Schiffbau

Heutzutage werden 80% der Schiffe in Asien hergestellt. Die deutsche Schiffbauindustrie rangiert weltweit an vierter Stelle hinter Korea, China und Japan, sie ist führend in Europa. Dreiundvierzig Schiffe wurden in den ersten neun Monaten dieses Jahres geliefert. Die deutschen Werften beschäftigen mehr als 20 000 Personen. Die Wirtschaftskrise sowie die Finanzierungsschwierigkeiten zwingen die Werften zur Neuorientierung.

12 | Une conversation téléphonique ***

Une demi-heure plus tard, elle vous a rappelé :
« Je voudrais parler à monsieur Delmont.
– Oui, c'est moi. Comment vas-tu ? Je ne pourrai pas venir à midi. Je suis désolé.
– Tu rentreras à dîner, au moins ?
– Évidemment.
[...]
– À ce soir. »
De l'autre côté de la rue Danièle-Casanova, dans la première vitrine de l'agence de voyages Durieu, il y avait des affiches invitant à une excursion en Bourgogne : les tuiles vernissées de l'hospice de Beaune, des vignobles en septembre chargés de grappes noires parmi les feuilles tigrées, les tombeaux des ducs à Dijon ; dans la seconde, sur l'avenue de l'Opéra, tout évoquait les sports d'hiver : skis, cordes et grosses chaussures aux lacets rouges, grandes photographies de téléphériques, de champs de neige éblouissants [...].

Michel Butor, *La Modification*, éditions de Minuit, 1957, p. 62-63

▶ Au fil du texte

■ Repères lexicaux

- une demi-heure plus tard : « eine halbe Stunde später »
- rappeler (au téléphone) : « zurück/rufen (ie,u) » si l'on rappelle quelqu'un qui a tenté de vous joindre, ou « wieder an/rufen » si l'on renouvelle un appel.
- parler à : « jemanden sprechen (i;a,o) ». Le verbe est suivi de l'accusatif.
- c'est moi : « ich bin es ». Il s'agit comme en français d'une expression toute faite. « C'est toi » : « Du bist es ».
- je suis désolé : « es tut mir Leid ». À connaître également : « J'ai mal », « Es tut mir Weh ».
- au moins : ici au sens de « n'est-ce pas », « wenigstens », « doch », « immerhin », alors que « au moins » au sens quantitatif se traduit par « zumindest » ou « mindestens ».
- à ce soir : « bis heute Abend »
- la vitrine : « das Schaufenster (-) »
- l'agence de voyage : « das Reisebüro (s) »
- l'affiche : « das Plakat (e) »
- l'excursion : « der Ausflug (¨e) »

– la Bourgogne : « das Burgund », mot neutre en allemand, comme « das Elsaß » mais on dira « die Bretagne », « die Provence », et... « der Jura ».

– la tuile : « die Ziegel (-) », « die Dachziegel (-) »

– vernissé : pour les tuiles ou la céramique, « le vernis » se dit « die Glasur », et l'adjectif correspondant est « glasiert ». Mais dans les autres cas, « vernissé » serait « lackiert » ; « le vernis » : « der Firnis (-) », « die Lasur » pour du bois.

– l'hospice : « das Hospiz (e) »

– le vignoble : « der Weingarten (¨) »

– chargé de : « übervoll mit + datif »

– la grappe : « die Traube (n) »

– la feuille : « das Blatt (¨er) »

– tigré, tacheté : « gestreift », « gefleckt » ; « le tigre » : « der Tiger (-) »

– le tombeau : « das Grab (¨er) »

– le duc : « der Herzog (e) », au féminin « die Herzogin (nen) »

– sur l'avenue, au sens de « qui donne sur l'avenue » : « zur Avenue hin »

– évoquer : « sich drehen um + acc. », « gehen um + acc. », « erinnern an + acc. », « mahnen an + acc. »

– les sports d'hiver : « der Wintersport » (au singulier en allemand). Lorsqu'on parle des différents types de sport, on utilise « die Wintersportarten ».

– le ski : « der Ski (er) », que l'on prononce [chi] ; « skier » : « Ski fahren »

– la corde : « das Seil (e) »

– la grosse chaussure, la chaussure de montagne : « der Bergschuh (e) », « der Wanderschuh (e) »

– le lacet : « der Schnürsenkel (-) »

– la grande photographie : « das großformatige Foto »

– le téléphérique : « die Seilbahn (en) »

– le champ de neige : « das Schneefeld (er) », mot composé à partir de « der Schnee », « la neige » et « das Feld (er) » : « le champ »

– éblouissant : « gleißend », « blendend », « glänzend »

■ **Repères grammaticaux**

– Elle vous a rappelé : le pronom de politesse « vous » prend une majuscule, « Sie ».

– Monsieur Delmont : « Herrn Delmont ». Le mot « Herr » est un masculin faible, d'où le -n à l'accusatif dans la phrase.

– Je ne pourrai pas venir à midi : « Ich kann zu Mittag nicht kommen ». On n'utilise pas de futur en allemand pour exprimer le futur proche. Même remarque pour la traduction de la question qui suit : « Tu rentreras à dîner ? », « Kommst du zum Abendessen zurück? ».

– des affiches invitant à une excursion : « Plakate, die zu einem Ausflug einluden ». On rend le participe présent français « invitant » par une subordonnée relative, « die... einluden » (« qui invitaient »).

– une excursion en Bourgogne : « zu einem Ausflug in das Burgund ». On fera suivre la préposition « in » de l'accusatif car il y a bien une notion de déplacement.

▶ Proposition de traduction

Ein Telefongespräch

Eine halbe Stunde später hat sie wieder angerufen:
« Ich möchte Herrn Delmont sprechen. »
« Ja, ich bin es. Wie geht's dir? Ich kann zu Mittag nicht kommen. Es tut mir Leid. »
« Kommst du wenigstens zum Abendessen zurück? »
« Natürlich. »
[...]
« Bis heute Abend. »
Auf der anderen Seite der rue Danièle-Casanova hingen im ersten Schaufenster des Reisebüros Durieu Plakate, die zu einem Ausflug in das Burgund einluden: die glasierten Dachziegel des Hospizes von Beaune, Weingärten im September, übervoll mit schwarzen Trauben unter den gestreiften Blättern, die Herzogsgräber in Dijon; Im zweiten zur Avenue de l'Opéra hin drehte sich alles um den Wintersport: Skier, Seile und Bergschuhe mit roten Schnürsenkeln, großformatige Fotos von Seilbahnen, von gleißenden Schneefeldern [...].

13 | Trop de camions sur les autoroutes suisses *

En Autriche et en Suisse, le problème environnemental principal **concerne** le transport transalpin de marchandises qui a plus que triplé au cours des **vingt-cinq** dernières années, surtout au profit de la route qui représente aujourd'hui 2/3 du volume transporté. Ce trafic induit des nuisances sonores et une pollution atmosphérique importante. Les efforts entrepris pour limiter les **nuisances** sont anciens (en Suisse, l'interdiction de la circulation nocturne des camions **remonte** à 1933), et la perte de la souveraineté nationale en matière de réglementation de la circulation est un argument majeur des adversaires à une adhésion à l'Union européenne.

Dictionnaire du monde germanique, Bayard, 2007

▶ *Au fil du texte*

■ Repères lexicaux

- le camion : « der Lkw (s) », « der Lastkraftwagen (-) » ; « la **voiture** » : « der Pkw (s) », « der Personenkraftwagen (-) »
- l'autoroute : « die Autobahn (en) »
- principal : « Haupt- » (suivi d'un substantif)
- concerner : ici « bestehen (a,a) in + datif » plutôt que « betreffen (i;a,o) »
- le transport de marchandises : « der Güterverkehr »
- transalpin : « transalpin » ; « les Alpes » : « die Alpen »
- tripler : « sich verdreifachen » (le verbe allemand est réfléchi s'il est intransitif, comme « doubler » : « sich verdoppeln » ; par contre, le verbe transitif est non réfléchi : « l'usine double / triple la production » : « die Fabrik verdoppelt / verdreifacht die Produktion »)
- au profit de : « zugunsten + génitif »
- représenter (un chiffre) : « aus/machen »
- le tiers : « das Drittel » ; « le quart » : « das Viertel »
- le volume : « das Volumen (-) »
- transporter : « befördern » ; « le transport » : « die Beförderung »
- le trafic, la circulation : « der Verkehr »
- induire : « verursachen », « mit sich bringen (a,a) »
- la nuisance : « die Störung (en) »
- sonore : « Lärm- + substantif » (« die Lärmstörung »). L'adjectif « sonor » est utilisé en allemand pour décrire une voix : « eine sonore Stimme », « une voix retentissante ».

- la pollution atmosphérique : « die Luftverschmutzung »
- l'effort : « die Anstrengung (en) », « die Bemühung (en) » ; « s'efforcer de » : « sich bemühen um + acc. »
- entreprendre : « unternehmen (i;a,o) » ; « entreprendre des efforts » : « Anstrengungen unternehmen »
- limiter : « begrenzen », « ein/dämmen », « ein/schränken » ; « la limitation » : « die Begrenzung », « die Einschränkung »
- être ancien : « nicht neu sein »
- l'interdiction : « das Verbot (e) » ; « interdire » : « verbieten (o,o) » ; « l'autorisation » : « die Erlaubnis (se) » ; « autoriser » : « erlauben + datif »
- remonter à : « zurück/gehen (i,a) auf + acc. »
- la perte de : « der Verlust an + datif »
- la souveraineté : « die Souveränität »
- en matière de : « im Bereich + génitif »
- la réglementation : « die Reglementierung »
- l'argument : « das Argument (e) »
- majeur, décisif : « entscheidend »
- l'adversaire : « der Gegner (-) »
- l'adhésion à : « der Beitritt zu + datif » ; « adhérer à » : « bei/treten (i;a,e) + datif » (sans préposition !)

▶ *Proposition de traduction*

Zu viele Lkws auf den schweizerischen Autobahnen

In Österreich wie in der Schweiz besteht das Hauptumweltproblem im transalpinen Güterverkehr, der sich in den letzten fünfundzwanzig Jahren mehr als verdreifacht hat, vor allem zugunsten des Straßentransports, der heutzutage zwei Drittel des beförderten Volumens ausmacht. Dieser Verkehr verursacht Lärmstörungen und eine starke Luftverschmutzung. Die Anstrengungen, die unternommen wurden, um die Störungen einzuschränken, sind nicht neu (in der Schweiz geht das Verbot des Nachtverkehrs für Lkws auf das Jahr 1933 zurück), und der Verlust der nationalen Souveränität im Bereich der Verkehrsreglementierung ist ein entscheidendes Argument der Gegner eines Beitritts zu der Europäischen Union.

14 Un futur journaliste sportif **

– Vous connaissez le sport ?

– Le foot, mais surtout le rugby.

– Vous y avez joué ?

– Aux deux.

– En fait, je n'ai pas vraiment besoin d'un spécialiste, plutôt d'un touche-à-tout. Quelqu'un capable, le dimanche, d'écrire, au stade, un compte-rendu à toute vitesse, et de revenir ensuite au bureau pour noter les résultats que nous envoient les correspondants régionaux et aussi réviser leurs papiers. Et quand je dis réviser... Vous avez déjà écrit pour un journal ou une revue ?

– Jamais.

[...]

– Ma fille m'a affirmé que vous étiez quelqu'un de malin, alors on va dire que nous allons faire un bout d'essai ensemble. Vous venez ici dimanche matin, le chef de service vous expliquera votre travail et vous donnera un match à couvrir pour l'après-midi. Nous, on se revoit ici lundi midi.

Jean-Paul Dubois, *Une vie française*, éditions de l'Olivier, 2004, p. 136

▶ *Au fil du texte*

■ **Repères lexicaux**

– un journaliste sportif : « ein Sportjournalist ». L'adjectif « sportif », au sens de « qui pratique le sport » se traduit généralement par « sportlich » (« un enfant sportif » : « ein sportliches Kind »). Mais ici, « sportif » indique une spécialité et se rendra par un mot composé (« un journaliste sportif » : « ein Sportjournalist » ; « un journal sportif » : « eine Sportzeitung »).

– Vous connaissez le sport ? : « Kennen Sie sich im Sport aus? », ou dans la langue parlée « Kennen Sie sich in Sachen Sport aus? ». Le rédacteur en chef demande ici au futur journaliste s'il s'y connaît en sport, d'où la traduction « sich aus/kennen in + datif » (« je m'y connais en informatique » : « ich kenne mich in Informatik aus »). On retrouve la préposition « in » dans les phrases qui suivent : « im Fußball, aber vor allem im Rugby » et dans « in beiden Sportarten », puisque le début est à chaque fois sous-entendu « Ich kenne mich... aus ». Par ailleurs, le verbe « kennen (a,a) » (« connaître » au sens d'avoir acquis une connaissance suite à un apprentissage) ne convient pas.

– le foot : « der Fußball », il n'y a pas d'abréviation en allemand.

– le rugby : « das Rugby »

– Vous y avez joué ? : On ne pourrait pas traduire en allemand de façon littérale « Haben Sie schon gespielt? », on demandera plutôt « Waren Sie selbst aktiver Sportler? ».

– aux deux : « in beiden Sportarten ». Il est préférable de rajouter en allemand le substantif pour plus de clarté. Noter que le pluriel de « der Sport » est « die Sportarten ».

– le spécialiste : « der Spezialist (en,en) », « der Experte (n,n) »

– le touche à tout : « der Mann für alle Fälle »

– capable de : « in der Lage sein zu + infinitif », « fähig sein zu + infinitif »

– le stade : « das Stadion », pluriel : « die Stadien »

– écrire un compte-rendu : « einen Bericht schreiben (ie,ie) »

– noter : « auf/zeichnen », « auf/schreiben (ie,ie) »

– le résultat : « das Ergebnis (se) »

– le correspondant régional : « der Lokalkorrespondent (en) », « der Lokalberichterstatter (-) »

– le papier : ici au sens de « l'article », « der Artikel ». Mais « le papier » se dit « das Papier (e) » ; « les papiers de voiture » : « die Autopapiere », « les papiers (d'identité) » : « die Papiere »

– réviser, au sens de « vérifier » : « überprüfen » ; « réviser » (avant un examen) : « büffeln » (langue parlée)

– la revue, le magazine : « das Magazin (e) », « die Zeitschrift (en) »

– malin : « schlau », « gerissen »

– faire un bout d'essai : « es zusammen versuchen »

– le chef de service : « der Abteilungsleiter (-) »

– le match : « das Match » (pluriel en -e ou en -s), « das Spiel (e) »

– (il) vous donnera un match à couvrir : traduire ici « donner » par « zuteilen + datif » (« attribuer à »), et « couvrir » par « kommentieren ».

■ Repères grammaticaux

– je n'ai pas besoin d'un spécialiste : « Ich brauche keinen Spezialisten ». Le verbe « brauchen » est suivi d'un complément à l'accusatif (et non d'une préposition, contrairement au français). Le substantif « der Spezialist (en,en) » est un masculin faible, tout comme « der Experte (n,n) ». Tous deux prennent donc un -n ou -en dans la phrase.

– quelqu'un capable de : « jemanden, der fähig ist ». Le pronom impersonnel « jemand » est ici à l'accusatif car il est COD du verbe « brauchen » de la phrase précédente.

– Nous, on se revoit : la tournure française « nous, on », familière mais incorrecte en français, est impossible en allemand. On ne pourra pas juxtaposer « wir » et « man ». On peut par contre renforcer le pronom « wir » en le répétant (« wir, wir... »).

▶ *Proposition de traduction*

Ein zukünftiger Sportjournalist

« Kennen Sie sich in Sachen Sport aus? »

« Im Fußball, aber vor allem im Rugby. »

« Waren Sie selbst aktiver Sportler? »

« Ja, in beiden Sportarten. »

« Eigentlich brauche ich nicht wirklich einen Spezialisten, eher einen Mann für alle Fälle. Jemanden, der fähig ist, am Sonntag ganz schnell im Stadion einen Bericht zu schreiben, und der danach ins Büro zurückkommt, um die Ergebnisse aufzuzeichnen, die uns die Lokalkorrespondenten schicken, und der auch ihre Artikel überprüft. Und wenn ich überprüfen sage... Haben Sie schon für eine Zeitung oder ein Magazin geschrieben? »

« Nie. »

[...]

« Meine Tochter hat nämlich behauptet, sie seien schlau, also würde ich vorschlagen, dass wir es zusammen versuchen. Kommen Sie am Sonntagmorgen hierher, der Abteilungsleiter wird Ihnen Ihre Arbeit erklären und Ihnen ein Match zuteilen, das Sie am Nachmittag kommentieren werden. Wir, wir sehen uns hier am Montagnachmittag wieder. »

15 Les cafés viennois ***

[Sujet HEC – CCIP LV1 2005]

Elle est entrée dans le café, enfin. Des paquets à la main. Radieuse. Si belle. La souplesse de ce corps de danseuse.

— Où étais-tu passée ? Je commençais à être un peu inquiet...

— Oh, excuse-moi... Je me suis attardée, dans des magasins... Une librairie, tout près d'ici... Il a regardé ce qu'elle avait acheté. Un livre sur Egon Schiele, un autre sur les dessins de Dürer conservés à l'Albertina (1).

— Tu deviens viennoise, à ce que je vois...

— J'essaie, j'essaie... J'adore cette ville...

— Parce que tu viens d'arriver... Moi, tu sais, j'ai pour Vienne des sentiments beaucoup plus ambigus...

— Qu'est-ce que c'est, au fait, ce café ?

— Le Bräunerhof ? Mon dernier repaire... Celui où je viens lire le journal, rencontrer les copains de l'orchestre... On peut y déjeuner, aussi, à midi, c'est commode... Tu sais, à Vienne, chaque café a sa personnalité... Et il faut savoir en changer... Le Havelka, par exemple, a perdu tout son charme, depuis quelques années... Maintenant, c'est rempli de touristes, d'étudiants, très bruyants... Le Sperl, lui, est devenu un peu triste... Déserté...

— Eh bien, moi, j'ai découvert un café formidable... Toute seule...

— Toi, Barbara ? Dis-moi...

Guy Scarpetta, *La Suite lyrique*, Paris, Grasset, 1992

(1) l'Albertina : die Albertina
N.B. On ne traduira pas le titre de l'œuvre.

▶ *Au fil du texte*

- ■ **Repères lexicaux**

  - le café : « das Café », mais à Vienne on parle plutôt de « das Kaffeehaus (¨er) ».
  - enfin : « endlich ». « Schließlich » peut ici également convenir car l'adverbe « enfin » a à la fois le sens du soulagement (qui se traduit par « endlich ») et le sens d'une fin d'énumération (« schließlich »). On le mettrait en début de phrase (« Schließlich ist sie... »).
  - le paquet : « das Paket (e) »
  - radieux : « strahlend » ; « rayonner » : « strahlen » ; « le rayon » : « der Strahl (en) »

– la souplesse : « die Geschmeidigkeit », « die Gelenkigkeit » ; « être souple » : « geschmeidig », « gelenkig sein »

– le corps : « der Körper (-) »

– être inquiet : « sich (datif) Sorgen machen », « besorgt sein » ; « l'inquiétude » : « die Besorgnis » ; « inquiétant » : « besorgniserregend »

– s'attarder : « in Verzug kommen », « sich verspäten », « trödeln » (familier)

– le magasin : « das Geschäft (e) », « der Laden (¨) »

– la librairie : « die Buchhandlung (en) » ; « le libraire » : « der Buchhändler (-) »

– Egon Schiele : peintre et dessinateur expressionniste autrichien (1890-1918)

– Albrecht Dürer : peintre et graveur allemand de la Renaissance (1471-1528)

– conserver : « auf/bewahren », mais ici on parle du fonds d'un musée, préférer « aus dem Bestand ». Le mot « der Bestand » signifie « le fonds », « la réserve », « le stock »

– die Albertina : musée de Vienne qui conserve la plus grande collection de gravures au monde.

– à ce que je vois : « wie ich sehe », « nach dem was ich so sehe ». On peut également inverser en allemand : « Ach, ich sehe schon, es wird eine richtige Wienerin aus dir ».

– essayer : ici au sens de « faire des efforts », « sich Mühe geben »

– avoir des sentiments : « Gefühle hegen » ; « le sentiment » : « das Gefühl (e) »

– ambigu : « zwiespältig »

– le café : Dans le texte, il est question de trois cafés viennois, le Bräunerhof (« der Bräunerhof », situé dans le 1er arrondissement, café favori de l'écrivain Thomas Bernhard), le Hawelka (« das Hawelka » également dans le premier arrondissement, décoré par l'architecte Adolf Loos), le Sperl (« das Sperl », fondé en 1880). L'article précédant le nom « Café » est au neutre (on dit donc « das Hawelka », « das Sperl »), mais au masculin pour « der Bräunerhof » car ce dernier est construit à partir du masculin « der Hof », « la cour ».

– mon dernier repaire : on peut hésiter entre deux traductions, ou bien il s'agit du dernier repaire qui serait définitivement choisi ou du dernier de la liste de ceux dont on est chassé, ce que l'on rendrait par « letzter », ou bien encore du dernier dans une liste qui risque de s'allonger, ce qui serait alors « jüngster » ou « neuester ».

– le repaire : « die Zuflucht », « der Zufluchtsort », « die Zufluchtsstätte »

– celui où je viens lire : on peut rendre fidèlement « celui où » par « diejenige, wo ich Zeitung lese » ou bien avec « kommen » (« wohin ich komme, um die Zeitung zu lesen ») ou plus simplement « da, wo... ».

– le copain : à traduire souvent simplement par « der Freund (e) », ou par « der Kumpel (s) » (familier).

– l'orchestre : « das Orchester (-) »

– commode : « praktisch »

- la personnalité : « die Persönlichkeit (en) »
- changer : « wechseln », et non pas « ändern », car il s'agit d'abandonner une chose pour une autre.
- le charme : « der Reiz », « der Charme »
- rempli de : « voll von + datif », « voll mit + datif »
- bruyant : « laut »
- Le Sperl, lui,... : on ne peut reprendre en allemand un nom immédiatement par un pronom. Il faut tourner la phrase autrement pour mettre en avant l'élément que l'on souhaite (« en ce qui concerne le Sperl » : « was das Sperl betrifft »). Même remarque pour « Eh bien, moi, j'ai », qui suit (« mois de mon côté » : « ich meinerseits ».
- déserté : « verlassen », « verödet », « einsam », « ausgestorben »
- formidable : « fantastisch »

■ **Repères grammaticaux**

- la souplesse de ce corps de danseuse : « die Geschmeidigkeit dieses Tänzerinnenkörpers ». On a ici la possibilité de créer un mot composé pour éviter la succession des génitifs « die Geschmeidigkeit dieses Körpers einer Tänzerin ». On met ici le mot « die Tänzerin » au pluriel (-nen) pour le relier au substantif qui suit. Dans d'autres cas, on met un -s entre les mots, comme par exemple dans ce qui est souvent cité comme étant le mot le plus long de la langue allemande : « Donaudampfschifffahrtsgesellschaftskapitän » (effectivement avec trois f), auquel il est même possible d'ajouter encore par exemple « kajütentürklinke » (« la poignée de porte de la cabine du capitaine de la compagnie de navigation à vapeur du Danube »).
- die Zeichnungen Dürers : « les dessins de Dürer ». Le -s est la marque du génitif saxon. Rappelons qu'il n'est pas suivi d'une apostrophe en allemand sauf si le nom se termine par les lettres -s, -ß, -tz, -x, -z (« Georg Grosz' Werke » : « les œuvres de Georg Grosz »).
- celui où : « derjenige, wo ». Il s'agit d'un pronom démonstratif (« derjenige », « diejenige », « dasjenige »). On peut aussi avoir « der, wo ».

Die Wiener Kaffeehäuser

Sie ist in das Kaffeehaus eingetreten, endlich. Mit Einkaufstaschen in der Hand. Strahlend. So schön. Die Geschmeidigkeit dieses Tänzerinnenkörpers.

« Wo warst du denn? Ich habe angefangen, mir etwas Sorgen zu machen... »

« Oh, entschuldige... Ich bin in den Geschäften in Verzug gekommen... Eine Buchhandlung, ganz in der Nähe... »

Er sah sich an, was sie gekauft hatte. Ein Buch über Egon Schiele, ein anderes über die Zeichnungen Dürers aus dem Bestand der Albertina.

« Es wird eine richtige Wienerin aus dir, wie ich sehe. »

« Ich gebe mir Mühe, ich gebe mir Mühe... Ich liebe diese Stadt... »

« Weil du gerade angekommen bist... Ich meinerseits hege, wie du weißt, viel zwiespältigere Gefühle Wien gegenüber... »

« Was ist eigentlich dieses Kaffeehaus? »

« Der Bräunerhof? Meine letzte Zuflucht... Da, wo ich die Zeitung lese, Orchesterfreunde treffe... Man kann dort auch zu Mittag essen, das ist praktisch... Weißt du, in Wien hat jedes Kaffeehaus seine Persönlichkeit... Und man muss wechseln können. Das Havelka hat zum Beispiel seit ein paar Jahren seinen ganzen Reiz verloren... Jetzt ist es voll von Touristen, von Studenten, die sehr laut sind... Was das Sperl betrifft, ist es ein bisschen traurig geworden... Verlassen... »

« Und ich meinerseits habe ein fantastisches Kaffeehaus entdeckt, ganz allein... »

« Du Barbara? Erzähl mal... »

16 Les loisirs **

1. Je voudrais bien apprendre le piano mais je n'ai malheureusement pas le temps.
2. Les deux équipes de football jouaient déjà depuis un quart d'heure quand un orage a éclaté.
3. Il y avait tellement de monde que nous n'avons pas pu entrer dans la salle de concert.
4. Quand je vais au cinéma, je m'assieds toujours au premier rang.
5. Si l'entrée des musées était gratuite, il y aurait beaucoup plus de visiteurs.
6. Je viens de terminer le roman que tu m'avais prêté en janvier.
7. Tu devrais emmener les enfants au théâtre plus souvent.
8. Environ deux mille personnes attendent le chanteur anglais depuis plus d'une heure.
9. Maintenant, on joue aux cartes !
10. Elle prétend que les dessins animés sont parfois plus intéressants que les jeux sur l'ordinateur.

▶ *Proposition de traduction*

1. Ich möchte gern Klavier lernen, aber ich habe leider keine Zeit / habe aber leider keine Zeit.
2. Die beiden Fussballmannschaften spielten schon seit einer Viertelstunde, als ein Gewitter losbrach.
3. Es war so voll, dass wir nicht in den Konzertsaal kamen / eingelassen wurden.
4. Wenn ich ins Kino gehe, setze ich mich immer in die erste Reihe.
5. Wenn der Eintritt in die Museen frei wäre / Wäre der Eintritt... frei, gäbe es viel mehr Besucher.
6. Ich habe den Roman, den du mir im Januar geliehen hattest, gerade fertig gelesen.
7. Du solltest die Kinder öfter ins Theater mitnehmen.
8. Etwa zweitausend Menschen warten seit über einer Stunde auf den englischen Sänger.
9. Jetzt wird Karten gespielt!
10. Sie behauptet, Zeichentrickfime seien manchmal interessanter als Computerspiele.

17 La jeunesse berlinoise s'embourgeoise *

Les trous laissés dans le paysage urbain par les bombardements aériens de la Seconde Guerre mondiale sont comblés par de luxueux projets immobiliers. Les squares et certains trottoirs deviennent aussi proprets qu'en Allemagne de l'Ouest. « Ça perd de son charme en ressemblant de plus en plus au quartier bourgeois d'Hambourg où j'ai grandi », déplore Johann, un réalisateur de films de 38 ans. Il y a bien quelques comités de protestation et des militants d'extrême gauche qui démolissent de temps à autre quelques voitures. Mais personne n'irait entreprendre quoi que ce soit de sérieux contre cet embourgeoisement.

D'après *Le Monde*

▌ *Au fil du texte*

■ Repères lexicaux

– s'embourgeoiser : « verbürgerlichen » (verbe non réfléchi) ; « l'embourgeoisement » : « die Verbürgerlichung » ; « le bourgeois » : « der Bürger (-) » ; « la bourgeoisie » : « das Bürgertum » ; « bourgeois » : « bürgerlich »

– le trou : « die Lücke (n) », mieux que « das Loch (¨er) » (dans le sol)

– laisser : « hinter/lassen (ä;ie,a) ». Le préverbe est inséparable : le participe passé est « hinterlassen ».

– le bombardement aérien : « der Luftangriff (e) » ; « le bombardement » : « die Bombardierung »

– combler : « aus/füllen »

– luxueux : « exklusiv », « Luxus- » (« un yacht luxueux » : « eine Luxusjacht »)

– le square : « der Stadtpark (s) »

– le trottoir : « der Bürgersteig (e) », en Autriche « das Trottoir (s) »

– propret : « reinlich », « schmuck »

– perdre de : « verlieren (o,o) an + datif »

– le charme : « der Reiz », « der Charme »

– déplorer : « bedauern »

– le réalisateur : « der (Film-)Regisseur » ; « le réalisateur de 38 ans » : « der 38-jährige Regisseur »

– Il y a bien... mais : « zwar..., aber »

– le comité : ici « der Verband (¨e) », sinon « das Komitee (s) »

– le militant : « der Aktivist (en,en) »

– d'extrême gauche : « linksextrem » ; « l'extrême gauche » : « die extreme Linke » ; « l'extrêmiste de gauche » : « der Linksradikale (n,n) » ; « l'extrémisme de droite » : « der Rechtsradikalismus »

– démolir : « demolieren » (au sens de « détruire partiellement »), mais « détruire complètement » se dit : « zerstören » ; « la destruction » : « die Zerstörung (en) ».

– de temps à autre : « von Zeit zu Zeit »

– entreprendre quoi que ce soit de sérieux : « im Ernst etwas unternehmen (i;a,o) »

■ **Repères grammaticaux**

– la jeunesse berlinoise : noter que l'adjectif dérivé d'un nom de ville prend une majuscule, « die Berliner Jugend ».

– Les trous laissés dans le paysage urbain par les bombardements aériens de la Seconde Guerre mondiale : « Die von den Luftangriffen des zweiten Weltkriegs in der Stadtlandschaft hinterlassenen Lücken ». La qualificative débute par l'article et se finit par le substantif. Tous les compléments se placent en sens inverse du français entre ces deux extrémités. Le participe passé (« laissés ») se place juste avant le substantif et est décliné, ici au nominatif pluriel (« hinterlassenen »).

– sont comblés par : « werden durch... ausgefüllt ». La phrase est au passif (auxiliaire « werden ») et le complément est introduit par « durch » car l'agent est ici un objet inanimé. On trouve sinon le plus souvent la préposition « von » pour traduire « par ».

– aussi proprets qu'en Allemagne : « so reinlich wie in Deutschland ». Le comparatif d'égalité est rendu par « so + adjectif + wie ».

– en ressemblant de plus en plus : « indem es... immer ähnlicher wird ». Le gérondif français est rendu dans une langue soutenue par la conjonction « indem » qui rend à la fois la notion de cause et de simultanéité. On peut aussi inverser les propositions et traduire par « es wird... und verliert dadurch / dabei seinen Reiz », ce qui serait plus courant.

– personne n'irait entreprendre : « niemand würde... unternehmen ». Le conditionnel est traduit par un subjonctif II (« würde + infinitif »).

▶ *Proposition de traduction*

Die Berliner Jugend verbürgerlicht

Die von den Luftangriffen des zweiten Weltkriegs in der Stadtlandschaft hinterlassenen Lücken werden durch exklusive Immobilienprojekte ausgefüllt. Die Stadtparks und manche Bürgersteige werden so reinlich wie in Westdeutschland. « Es verliert an Reiz, indem es dem bürgerlichen Hamburger Stadtteil, in dem ich aufgewachsen bin, immer ähnlicher wird », bedauert Johann, ein 38-jähriger Filmregisseur. Zwar gibt es einige Protestverbände und linksextreme Aktivisten, die von Zeit zu Zeit ein paar Autos demolieren. Aber niemand würde im Ernst etwas gegen diese Verbürgerlichung unternehmen.

18 | Comment traverser une rue ? ***

Le Munichois, lui, n'écoute jamais son plaisir. Il ne traverse la chaussée que sur le passage réservé aux piétons. Avant de traverser, il regarde si le sémaphore l'y autorise. Même quand aucune voiture ne l'en empêcherait, il ne traverse pas, tant que le feu rouge le lui défend. Les conducteurs, de leur côté, lorsqu'ils ont le droit de passer, l'exercent souverainement, sans regarder s'il y a quelqu'un devant eux. Y aurait-il quelqu'un, en dehors du passage réservé ou sur un passage réservé mais interdit momentanément par un feu rouge, qu'ils l'écraseraient sans hésitation, sans remords, et sûrs de l'impunité. Chacun, à Munich, ne suit pas son plaisir, il suit son droit. La rue n'est pas, comme à Naples, un terrain d'aventures où les différents plaisirs se frôlent et se caressent, mais un tribunal où les différents droits s'affrontent et où les comptes se règlent d'après ce qui est écrit dans la loi. Je vous laisse juges de décider quelle est, de ces deux rues, la plus amusante. Quant à la plus dangereuse, elle n'est pas celle que vous croyez.

Dominique Fernandez, *La Perle et le croissant,*
l'Europe baroque de Naples à Saint-Pétersbourg,
Terre Humaine, Plon, 1995, p. 288

▌ *Au fil du texte*

■ Repères lexicaux

- traverser : « überqueren », « queren » (arch.)
- le Munichois, la Munichoise : « der Münchner (-) », « die Münchnerin (nen) » ; « Munich » : « München »
- lui, de son côté : « seinerseits » ; on trouve plus loin dans le texte : « de leur côté » : « ihrerseits ».
- écouter son plaisir : peut être rendu par « seinem Herzen folgen », « suivre son cœur ». Mais « le plaisir » se dit en allemand « der Spaß », invariable singulier. On trouve plus loin dans le texte le pluriel « les plaisirs », à rendre par « die Freuden ».
- le passage : « der Überweg » ; « le passage réservé aux piétons » : « der Fußgängerüberweg »
- le piéton : « der Fußgänger (-) »
- regarder : « nach/schauen », « achten auf + acc. »
- le sémaphore, le feu de la circulation : « die Ampel (n) »
- empêcher : « hindern an + datif »
- défendre : « verbieten (o,o) » bien sûr, mais plus recherché : « untersagen » (préverbe inséparable).

– exercer un droit : « ein Recht aus/üben »

– souverainement : « unumschränkt »

– momentanément : « kurzzeitig », « vorübergehend »

– écraser : « überfahren (ä;u,a) » (la particule est inséparable : « er hat überfahren »)

– l'hésitation : « das Zögern » (le verbe « hésiter », « zögern », est substantivé et prend donc une majuscule)

– le remords : « die Reue » ; « regretter », « avoir des remords » : « bereuen », « Reue verspüren »

– l'impunité : « die Straflosigkeit »

– suivre : « folgen + datif »

– suivre son plaisir : ici à traduire par « suivre son cœur », « seinem Herzen folgen ».

– le droit : « das Recht (e) »

– l'aventure : « das Abenteuer (-) » ; « l'aventurier » : « der Abenteurer (-) »

– le terrain : en général « das Gelände (-) », ici « der Spielplatz »

– se frôler : « einander / aneinander streifen »

– se caresser : « sich berühren » (au sens de « se frôler ») ; « caresser » : « streicheln »

– le tribunal : « das Gericht (e) », « der Gerichtssaal »

– s'affronter : « sich gegenüber/stehen (a,a) »

– régler un compte : « ab/rechnen mit + datif »

– la loi : « das Gesetz (e) »

– juges de : Il n'est pas possible d'utiliser en allemand le mot « der Richter (-) », « le juge ». Il faut avoir recours à une périphrase « vous jugerez vous-mêmes » : « ich lasse sie selbst darüber urteilen ».

■ **Repères grammaticaux**

– Y aurait-il quelqu'un... qu'ils l'écraseraient : « Sollte sich jemand... befinden, so würden sie ihn überfahren » : phrase à l'irréel, d'où l'emploi du subjonctif II. Afin de l'alléger comme l'auteur l'a fait en français, on peut supprimer le « wenn » (« wenn es jemanden gäbe... ») et mettre le verbe en première place (« Gäbe es jemanden »). Une variante possible serait : « Sollte es jemanden geben ». Il est fréquent de commencer la principale par « so », « da » ou « dann » lorsqu'elle suit une subordonnée dont le verbe se trouve en première place.

– la plus amusante, la plus dangereuse : on n'utilise pas le superlatif (« die lustigste », « die gefährlichste ») lorsqu'on compare deux choses, mais le comparatif (« die lustigere », « die gefährlichere »).

Wie überquert man eine Straße?

Der Münchner, seinerseits, folgt nie seinem Herzen. Er überquert die Straße nur auf dem Fußgängerüberweg. Bevor er sie überquert, achtet er darauf, dass die Ampel es ihm erlaubt. Selbst wenn kein Auto ihn daran hindern würde, quert er nicht, solange die rote Ampel es ihm untersagt. Die Autofahrer, ihrerseits, wenn sie das Recht haben durchzufahren, üben dieses unumschränkt aus, ohne darauf zu achten, ob sie jemanden vor sich haben. Sollte sich jemand außerhalb des Fußgängerüberwegs befinden, oder auf einem Fußgängerüberweg, dessen Überquerung von einer roten Ampel vorübergehend untersagt wäre, so würden sie ihn ohne Zögern, ohne Reue und ihrer Straflosigkeit sicher überfahren. In München folgt keiner seinem Herzen, sondern seinem Recht. Die Straße ist nicht wie in Neapel ein Abenteuerspielplatz, wo die verschiedenen Freuden einander streifen und sich berühren, sondern ein Gerichtssaal, in dem sich die verschiedenen Rechte gegenüber stehen und in dem nach dem geschriebenen Gesetz abgerechnet wird. Ich lasse Sie selbst darüber urteilen, welche dieser beiden Straßen die lustigere ist. Und die gefährlichere der beiden ist nicht diejenige, die Sie meinen.

19 | L'institut de recherche Fraunhofer **

> Forte de plus de 18 000 scientifiques et ingénieurs dans plus de 80 centres et affichant un chiffre d'affaires annuel de 1,65 milliard d'euros, Fraunhofer est la plus grande organisation de recherche appliquée en Europe. Ses experts implantés localement examinent les derniers résultats de la recherche fondamentale et aident les entreprises à en tirer parti pour créer de nouveaux matériaux, produits et processus. Ils aident également les entreprises à transformer rapidement leurs propres idées en produits commercialisables. Pour le président de Fraunhofer, Hans-Jörg Bullinger, il est clair que la recherche, loin de représenter une fin en soi, doit se mettre au service de l'économie.
>
> *L'Usine Nouvelle*

▶ Au fil du texte

■ Repères lexicaux

- l'institut de : « das Institut (e) für acc. » ; « l'institut de recherche » : « das Forschungsinstitut (e) » ; « la recherche » : « die Forschung » ; « le chercheur » : « der Forscher (-) »
- forte de : « mit einer Stärke von + datif » ou plus simplement « mit + datif ». Dans un contexte militaire, « hundert Mann stark ».
- le scientifique : « der Wissenschaftler (-) » ; « la science » : « die Wissenschaft (en) » ; « scientifique » : « wissenschaftlich »
- l'ingénieur : « der Ingenieur (e) » (le -g est prononcé comme en français, mais en aucun cas la première syllabe *In-*).
- le centre : « das Zentrum » (pluriel : « die Zentren »)
- le chiffre d'affaires : « der Umsatz »
- annuel : « Jahres- » suivi d'un substantif (« Jahresumsatz ») ou « jährlich » (adjectif)
- (un chiffre d'affaires) de, à hauteur de : « in Höhe von + datif »
- la recherche appliquée : « die angewandte Forschung »
- l'expert : « der Experte (n,n) », « der Fachmann (¨er) », « die Fachleute » qui n'existe qu'au pluriel.
- implanter : « an/siedeln »
- localement : « örtlich », « auf Lokalebene »
- examiner : au sens de « vérifier » : « prüfen », « überprüfen », mais ici plutôt au sens d'« observer » : « beobachten » ou d'« analyser » : « analysieren » ; « l'examen » : « die Prüfung (en) » ; « l'observation » : « die Beobachtung (en) »

- le résultat : « das Resultat (e) », « das Ergebnis (se) »
- la recherche fondamentale : « die Grundlagenforschung »
- tirer parti de : « Nutzen ziehen (o,o) aus + datif »
- un matériau : « das Material (ien) »
- le produit : « das Produkt (e) »
- le processus : « das Verfahren (-) »
- transformer en : « verwandeln in + acc. » ; « la transformation » ou « la métamorphose » : « die Verwandlung »
- propre : « eigen »
- commercialisable : « vermarktbar », « marktfähig » ; « la commercialisation » : « die Vermarktung »
- loin de : « weit davon entfernt,... zu + infinitif »
- représenter une fin en soi : « ein Ziel an sich sein / dar/stellen », « sich selbst genügen » ; « das Ziel (e) » : « la fin », « le but »
- se mettre au service de : « sich in den Dienst stellen von + datif »

■ **Repères grammaticaux**

- affichant : « aufweisend » est le participe présent du verbe « auf/weisen (ie,ie) », que l'on place après son COD dans une proposition participe : « einen Umsatz aufweisend ». On peut trouver la même structure mais avec un participe passé, par exemple dans : « l'institut, situé à Francfort,... » : « das Institut, in Frankfurt gelegen,... », même si une proposition qualificative est cependant plus courante (« das in Frankfurt gelegene Institut... »).
- Ses experts implantés localement : « Seine örtlich angesiedelten Experten ». Il s'agit d'une qualificative qui débute par l'article « seine », se poursuit avec le complément (« örtlich »), et le participe passé qui ici prend la marque du nominatif pluriel (« angesiedelten »), et se termine par le substantif (« Experten »).

▶ *Proposition de traduction*

Das Fraunhofer Forschungsinstitut

Mit einer Stärke von über 18 000 Wissenschaftlern und Ingenieuren in über 80 Zentren und einen Jahresumsatz in Höhe von 1,65 Milliarden Euro aufweisend ist die Fraunhofer-Gesellschaft die größte Organisation für angewandte Forschung in Europa. Ihre örtlich angesiedelten Fachleute analysieren die neuesten Ergebnisse der Grundlagenforschung und helfen den Unternehmen, daraus Nutzen zu ziehen, um neue Materialien, Produkte und Verfahren zu schaffen. Sie unterstützen auch die Firmen darin, ihre eigenen Ideen schnell in vermarktbare Produkte zu verwandeln. Für den Fraunhofer-Präsidenten, Hans-Jörg Bullinger, steht fest, dass Forschung, weit davon entfernt ein Ziel an sich darzustellen, sich in den Dienst der Wirtschaft stellen muss.

20 La Suisse **

1. Je voudrais bien m'inscrire à un cours de suisse allemand car c'est très utile ici.
2. Elle a dit à son père qu'elle a voulu participer au carnaval de Bâle.
3. Vous avez passé le week-end dans un hôtel des Alpes suisses, n'est-ce pas ?
4. Il va falloir que nous achetions soit plus d'emmental soit plus d'appenzell pour la fondue, il n'y en a pas assez.
5. Quand les Suisses ont-ils refusé par référendum d'entrer dans l'Union européenne ?
6. C'est le Cervin avec une altitude de 4 400 mètres qui est le sommet le plus élevé de Suisse.
7. J'ai changé des euros en francs suisses dans une banque de Berne.
8. Elle aurait dû dépenser son argent au lieu de le déposer dans cette banque du Liechtenstein.
9. De nombreux étudiants français vont faire leurs études à l'École polytechnique fédérale de Zurich car les conditions de travail y sont meilleures.
10. Après avoir longtemps vécu en Suisse, ils ont décidé de déménager dans le Jura français.

▶ *Proposition de traduction*

1. Ich möchte mich zu einem Schwyzerdütschkurs anmelden, weil das hier sehr nützlich ist.
2. Sie hat ihrem Vater gesagt, sie habe an der Basler Fastnacht teilnehmen wollen.
3. Sie haben das Wochenende in einem Hotel der Schweizer Alpen verbracht, nicht wahr?
4. Wir werden entweder mehr Emmentaler oder mehr Appenzeller für die Fondue kaufen müssen, es gibt nicht genug davon.
5. Wann haben die Schweizer per Volksentscheid abgelehnt, der Europäischen Union beizutreten?
6. Das Matterhorn ist mit einer Höhe von 4 400 Metern der höchste Gipfel der Schweiz.
7. Ich habe in einer Berner Bank Euros in Schweizer Franken gewechselt.
8. Sie hätte ihr Geld ausgeben sollen, statt es in dieser liechtensteinischen Bank anzulegen.
9. Zahlreiche französische Studenten studieren an der Eidgenössischen Technischen Hochschule Zürich, weil dort die Arbeitsbedingungen besser sind.
10. Nachdem sie lange in der Schweiz gelebt hatten, haben sie beschlossen / haben sie sich entschlossen, in den französischen Jura umzuziehen.

21 La fugue ***

– Viens, dit à voix basse Bernard, en saisissant brusquement Olivier par le bras. Il l'entraîna quelques pas plus loin :

– Réponds vite ; je suis pressé. Tu m'as bien dit que tu ne couchais pas au même étage que tes parents ?

– Je t'ai montré la porte de ma chambre ; elle donne droit sur l'escalier, un demi-étage avant d'arriver chez nous. [...]

– Écoute. J'ai quitté la maison ; ou du moins je vais la quitter ce soir. Je ne sais pas encore où j'irai. Pour une nuit, peux-tu me recevoir ?

Olivier devint très pâle. Son émotion était si vive qu'il ne pouvait regarder Bernard.

– Oui, dit-il ; mais ne viens pas avant onze heures. Maman descend nous dire adieu chaque soir, et fermer notre porte à clef.

– Mais alors...

Olivier sourit :

– J'ai une autre clef. Tu frapperas doucement pour ne pas réveiller Georges s'il dort.

André Gide, *Les Faux Monnayeurs*, Gallimard, 1925, p. 12

▶ *Au fil du texte*

■ Repères lexicaux

– la fugue : « die Flucht » ; « fuguer » : « die Flucht ergreifen (i,i) », « aus/reißen (i,i) »

– à voix basse : « leise » ; « à voix haute » : « laut »

– saisir par le bras : « am Arm fassen »

– brusquement : « unvermittelt », « schroff », « brüsk »

– entraîner, tirer, traîner : « ziehen (o,o) »

– le pas : « der Schritt (e) »

– être pressé : « es eilig haben » ; « je suis pressé » : « ich habe es eilig »

– l'étage : « die Etage (n) », « das Stockwerk (e) », « der Stock » (mot singulier).

– le même étage que : « dieselbe Etage ». Il y a identité, d'où l'utilisation de l'adjectif « selb » et non de « gleich », qui indique la ressemblance.

– montrer : « zeigen » ; ne pas utiliser comme le font beaucoup d'étudiants et par contamination avec l'anglais le verbe « schauen » qui signifie « regarder » !

– donner droit sur : « direkt gehen (i,a) auf + acc. »

– l'escalier : « die Treppe (n) »

– recevoir quelqu'un : ici « auf/nehmen (i;a,o) » qui a le sens d'héberger d'urgence, ou « beherbergen » qui signifie « héberger » plutôt que « empfangen (ä;i,a) » (recevoir des invités) ; « recevoir quelque chose » : « bekommen (a,o) », « erhalten (ä;ie,a) »

– devenir pâle, pâlir : « blass werden », « erblassen » ; « la pâleur » : « die Blässe »

– l'émotion : « die Erregung », « die Gefühlswallung », « die Aufregung »

– vif : traduire ici par « stark », mais l'adjectif se traduit plus souvent par « schnell », « rege », « lebendig ».

– descendre (un escalier) : en général « hinunter/gehen (i,a) », mais plutôt ici : « herunter/kommen (a,o) » car il y a un mouvement de rapprochement vers le locuteur.

– fermer à clé : « ab/schließen (o,o) »

– sourire : « lächeln » ; « rire » : « lachen » ; « le sourire » : « das Lächeln » ; « le rire » : « das Lachen », « das Gelächter »

– la clé : « der Schlüssel (-) »

– mais alors : « aber dann »

– frapper (à la porte) : « klopfen », « an/klopfen »

– réveiller : « wecken » ; « le réveille-matin » : « der Wecker »

■ **Repères grammaticaux**

– On remarque la présence de trois impératifs dans le texte : « viens », « réponds », « écoute » rendus par « komm », « antworte » et « hör mal zu ». Le -e final de « antworte » est ajouté pour faciliter la prononciation à l'impératif des verbes dont le radical se termine en -t. À l'impératif, la particule séparable est rejetée à la fin de la phrase : « zu/hören » donne « hör zu! ».

Die Flucht

« Komm », sagte Bernard leise und fasste Olivier unvermittelt am Arm. Er zog ihn ein paar Schritte weiter:

« Antworte rasch; Ich habe es eilig. Du hast mir doch gesagt, du schlafest nicht auf derselben Etage wie deine Eltern? »

« Ich habe dir ja die Tür meines Zimmers gezeigt; Sie geht direkt auf die Treppe, ein halbes Stockwerk unter unserer Wohnung. » [...]

« Hör mal zu. Ich habe das Haus verlassen; Oder genauer, ich habe vor, es heute Abend zu verlassen. Ich weiß noch nicht, wohin ich gehen werde. Kannst du mich für eine Nacht beherbergen? »

Olivier wurde sehr blass. Seine Erregung war so stark, dass er Bernard nicht anschauen konnte.

« Ja, sagte er; aber komm nicht vor elf. Mama kommt jeden Abend zu uns herunter, um uns gute Nacht zu wünschen und unsere Tür abzuschließen. »

« Aber dann... »

Olivier lächelte:

« Ich habe einen anderen Schlüssel. Du klopfst leise, um Georges nur nicht zu wecken, wenn er schläft. »

22 Un faux départ **

Claire et Mike arrivèrent à Roissy trois quarts d'heure avant le départ du vol Paris-Athènes. Elle enregistra ses bagages et garda Beau-Chat qui miaulait, furibond, dans son sac à hublot.

Quand elle se présenta, avec Mike, à la porte d'accès vers les lignes internationales, deux hommes s'approchèrent et la prièrent courtoisement de les suivre.

Elle comprit immédiatement, dit seulement :

« Débrouillez-vous pour récupérer mes bagages », en donnant ses billets.

« C'est déjà fait, madame », dit l'un des deux hommes.

« Où on va ? », dit Mike.

Claire répondit en anglais qu'il ne s'inquiète pas, elle lui expliquerait dès qu'ils seraient seuls. Ces messieurs n'avaient pas besoin de savoir ce qu'ils disaient tous les deux.

Dans la voiture noire qui s'engageait sur l'autoroute, elle feignit de dormir.

Françoise Giroud, *Le Bon Plaisir*, Mazarine, 1983, p. 145-146

▶ Au fil du texte

■ Repères lexicaux

- le faux départ : « der Fehlstart »
- arriver : « an/kommen (a,o) in + datif »
- trois quarts d'heure : « eine Dreiviertelstunde » ; « le quart d'heure » : « die Viertelstunde »
- le départ : « der Abflug » quand il s'agit d'un avion, « die Abfahrt » pour le train, « die Abreise » est plus général.
- faire enregistrer : « ein/checken »
- le bagage : « das Gepäck », mot singulier. Au pluriel : « die Gepäckstücke »
- garder (à ses côtés) : « bei sich behalten (ä;ie,a) »
- Beau-Chat : « Miez », ou « Mieze ». Le chat se dit « der Kater (-) », mais le terme générique est le féminin « die Katze (n) ».
- miauler : « miauen »
- furibond : « wütend »
- le sac à hublot : « die Tasche mit Lüftungsfenster »
- se présenter (à un guichet administratif) : « sich ein/stellen » ; « se présenter » au sens de « décliner son identité » : « sich vor/stellen ».
- la porte d'accès à : « der Zugang zu + datif »

- la ligne : « die Linie (n) »
- s'approcher : « sich nähern + datif »
- prier de : « bitten (a,e) um + acc. »
- courtoisement : « höflich »
- débrouillez-vous pour : « Sehen Sie zu, dass... »
- c'est déjà fait : « das ist schon erledigt », mieux que les participes passés « gemacht » ou « getan ».
- madame, chère madame : « gnädige Frau ». On ne peut avoir « Frau » tout seul en allemand, le nom de famille est indispensable, par exemple « Frau Schmidt ».
- en anglais : « auf / in Englisch » (avec majuscule)
- ne pas avoir besoin de (au sens de « il est inutile de ») : « nicht müssen »
- s'engager sur : « ein/biegen (o,o) auf + acc. » (pour un véhicule)

■ **Repères grammaticaux**

- suivre : « folgen » est suivi du datif (« je te suis » : « ich folge dir ») comme un certain nombre d'autres verbes (« danken », « helfen », « gratulieren », « begegnen », « glauben », « drohen », « widersprechen », etc.).
- en donnant ses billets : « und reichte ihnen dabei ihre Tickets ». Pour exprimer la simultanéité des deux actions, le participe présent est rendu par « und ... dabei », le verbe est conjugué au temps qui convient.
- Claire répondit qu'il ne s'inquiète pas, elle lui expliquerait dès qu'ils seraient seuls : « Claire antwortete, er solle sich keine Sorgen machen, sie werde ihm alles erklären, sobald sie allein seien ». Le discours indirect après « répondit que » est rendu en allemand par un subjonctif I présent avec les formes « solle », « werde », « seien ».
- ce qu'ils disaient tous les deux : « was sie einander sagten ». Le pronom réciproque « einander » indique que les deux personnes échangent des propos uniquement entre elles.
- elle feignit de dormir : « sie tat so, als würde sie schlafen ». La conjonction de subordination « als ob » implique normalement un verbe conjugué en dernière place (« als ob sie schlafen würde »). Mais on peut alléger la subordonnée en utilisant uniquement la conjonction « als » suivie du verbe conjugué. Par ailleurs, le verbe « feindre de », « tun so, als ob » sera suivi du subjonctif II futur (« als würde sie schlafen ») ou du subjonctif II présent (« als schliefe sie »).

▶ *Proposition de traduction*

Ein Fehlstart

Claire und Mike kamen in Roissy eine Dreiviertelstunde vor dem Flug Paris-Athen an. Sie checkte ihr Gepäck ein und behielt Miez bei sich, die in ihrer Tasche mit Lüftungsfenster wütend miaute. Als sie sich mit Mike am Zugang zu den internationalen Flügen einstellte, näherten sich zwei Männer und baten sie höflich darum, ihnen zu folgen.

Sie verstand sofort, sagte nur:

« Sehen Sie zu, dass Sie mein Gepäck zurückbekommen », und reichte ihnen dabei ihre Tickets.

« Das ist schon erledigt, gnädige Frau », sagte einer der Männer.

« Wohin gehen wir? » fragte Mike.

Claire antwortete auf Englisch, er solle sich keine Sorgen machen, sie werde ihm alles erklären, sobald sie allein seien.

Diese Herren mussten nicht unbedingt wissen, was sie einander sagten.

Im schwarzen Auto, das auf die Autobahn einbog, tat sie so, als würde sie schlafen.

23 L'espoir *

Le docteur Martins est venu hier de La Chaux-de-Fonds. Il a longuement examiné les yeux de Gertrude à l'ophtalmoscope. Il m'a dit avoir parlé de Gertrude au docteur Roux, le spécialiste de Lausanne, à qui il doit faire part de ses observations. Leur idée à tous deux c'est que Gertrude serait opérable. Mais nous avons convenu de ne lui parler de rien tant qu'il n'y aurait pas plus de certitude. Martins doit venir me renseigner après consultation. Que servirait d'éveiller en Gertrude un espoir qu'on risque de devoir éteindre aussitôt ? – Au surplus, n'est-elle pas heureuse ainsi ?

André Gide, *La Symphonie pastorale*, éditions Gallimard, 1925

▌ *Au fil du texte*

■ Repères lexicaux

- l'espoir : « die Hoffnung (en) » ; « espérer » : « hoffen auf + acc. »
- La Chaux-de-Fonds : commune du Jura suisse, de langue française, connue pour son industrie horlogère.
- examiner : « untersuchen » (particule inséparable, le participe passé est « hat untersucht »).
- l'œil : « das Auge (n) »
- l'ophtalmoscope : « das Ophtalmoskop » (tous les mots en *-skop* sont des neutres, comme par exemple « das Mikroskop (e) »).
- le spécialiste : « der Facharzt (¨e) », « der Spezialist (en,en) »
- Lausanne : ville de Suisse, capitale du canton de Vaud, de langue française
- faire part de : « etwas (ac.) jemandem (datif) mit/teilen »
- l'observation : « die Beobachtung (en) » ; « observer » : « beobachten »
- convenir de : « sich einigen auf + acc. »
- la certitude : « die Sicherheit », « die Gewissheit »
- renseigner : « Auskunft geben (i;a,e) » ; « le renseignement » : « die Auskunft (¨e) »
- la consultation : « die Konsultation », mais ici probablement au sens de « concertation avec un collègue », donc « die Besprechung », « der Gedankenaustausch » ; « le rendez-vous » : « der Arzttermin (e) ».
- Que (au sens de « à quoi bon ? », « pourquoi ? ») : « Wozu? »
- éveiller : « wecken », alors que « se réveiller » se dit « auf/wachen » (verbe non réfléchi en allemand) ; « le réveille-matin » : « der Wecker ».

- risquer de : est à rendre par un adverbe qui indique la probabilité, comme « möglicherweise », « vielleicht », « wahrscheinlich », etc.
- éteindre un espoir, décevoir : « enttäuschen » ; « éteindre » (verbe transitif, « éteindre le feu » par exemple) : « löschen (i;o,o) » ; « s'éteindre » (verbe intransitif) : « erlöschen (i;o,o) »
- au surplus : « überdies »
- ainsi : « so », « auf diese Weise »

■ **Repères grammaticaux**

- Il m'a dit avoir parlé…, il doit…, Gertrude serait…, il y aurait… : « Er hat mir gesagt, er habe…, er müsse…, Gertrude könne…, es gebe… ». L'auxiliaire « haben » comme le modal « müssen » et comme le verbe « geben », sont ici au subjonctif I car la subordonnée correspond à un discours rapporté.
- Il a parlé au docteur Roux, le spécialiste : « er habe mit Doktor Roux, dem Facharzt, gesprochen ». Noter le datif de l'apposition (« dem Facharzt ») puisque son genre est déterminé par la préposition qui précède son antécédent, « mit + datif ». Le substantif « der Spezialist » est un masculin faible qui prend donc au datif la marque -en : « mit Doktor Roux, dem Spezialisten ».
- le docteur, à qui… : « dem Doktor, dem er seine seine Beobachtungen mitteilen müsse ». Le pronom relatif « dem » est au datif masculin car son antécédent est le masculin « der Doktor » et car il a une fonction de COI dans la subordonnée relative. Noter encore une fois le subjonctif I (« müsse ») du fait du discours rapporté.
- Gertrude serait opérable : « Gertrude könne operiert werden ». L'adjectif « opérable » ne peut pas être rendu par un adjectif allemand, il convient d'utiliser un passif (« Gertrude pourrait être opérée »).
- tant que : « solange », conjonction de subordination qui nécessite un verbe en fin de subordonnée.
- un espoir qu'on risque de devoir éteindre : peut être rendu par un passif « eine Hoffnung, die möglicherweise sofort enttäuscht werden müsse », ou par « eine Hoffnung, die man möglicherweise sofort enttäuschen müsse » pour rester au plus près du texte français. Quelle que soit la solution choisie, il est nécessaire de mettre le verbe de modalité au subjonctif I pour exprimer le discours indirect (« müsse »).

Die Hoffnung

Doktor Martins ist gestern von La Chaux-de-Fonds gekommen. Er hat lange Gertrudes Augen mit seinem Ophtalmoskop untersucht. Er hat mir gesagt, er habe über Gertrude mit Doktor Roux, dem Facharzt aus Lausanne, gesprochen, dem er seine Beobachtungen mitteilen müsse. Beide sind der Ansicht, dass Gertrude operiert werden könne. Aber wir haben uns darauf geeinigt, ihr nichts davon zu sagen, solange es keine größere Gewissheit gebe. Martins soll mir nach der Besprechung Auskunft geben. Wozu sollte man bei Gertrude eine Hoffnung wecken, die möglicherweise sofort enttäuscht werden müsste? – Überdies, ist sie nicht glücklich so?

24 À l'étranger ***

Qu'est-ce qu'un sans-papiers ? C'est un étranger en situation irrégulière. Un clandestin qui a brûlé toutes les preuves de son identité pour rendre impossible son renvoi dans son pays. Mais ça peut être aussi un étranger légalement entré sur le territoire qui n'a plus de permis de travail, plus de carte de séjour et plus de raison de rester dans le pays.

Azel était dans ce dernier cas. Pour renouveler sa carte de séjour arrivée à expiration depuis plusieurs mois, il fallait qu'il ait un travail avec un contrat de l'employeur et une adresse de domicile authentifiée par une facture d'eau, d'électricité ou de téléphone fixe. Or il ne pouvait fournir aucune de ces pièces. Il savait qu'il avait basculé dans l'illégalité, dans cette marge où rôdent des trafiquants et autres recruteurs, prêts à vous engager à tout moment pour d'inavouables besognes. Il le savait et ne s'en inquiétait pas.

Tahar Ben Jelloun, *Partir*, NRF, éditions Gallimard, 2006, p. 231

▶ Au fil du texte

■ Repères lexicaux

- – un sans-papiers : intraduisible mot à mot, il faut dire « ein Ausländer ohne Papiere ».
- – l'étranger : « der Ausländer (-) », « der Fremde (n,n) » (adjectif substantivé : « ein Fremder »)
- – en situation irrégulière : pas de traduction directe, « in der Illegalität », « ohne Papiere »
- – le clandestin : ici « der illegale Einwanderer (-) » ; « le passager clandestin » (dans un bateau, un train…) : « der blinde Passagier ». L'adjectif « blind » signifie « aveugle ».
- – brûler : « verbrennen (a,a) » lorsque l'emploi est transitif (« brûler » un papier, un objet), mais lorsque l'emploi est intransitif on peut utiliser « brennen (a,a) » pour des objets de grande taille (« la maison a brûlé » : « das Haus hat gebrannt » ; « la forêt a brûlé » : « der Wald hat gebrannt »), ou le verbe « ab/brennen » : « das Haus ist abgebrannt », ou bien le verbe « verbrennen » pour des objets de petite taille (« le tableau a brûlé » : « das Bild ist verbrannt »).
- – la preuve : « der Beweis (e) » ; « prouver » : « beweisen (ie,ie) »
- – le renvoi (dans le pays d'origine) : « die Zwangsrückführung »
- – légalement : « legalerweise », « auf legale Weise »
- – le territoire : ici « das Land » plutôt que « das Territorium »

- entrer sur le territoire : « in das Land ein/reisen » ; « pénétrer sur le territoire » : « das Hoheitsgebiet betreten (i;a,e) »
- le permis de travail : « die Arbeitserlaubnis »
- la carte de séjour, le permis de séjour : « die Aufenthaltsgenehmigung », « die Aufenthaltserlaubnis »
- renouveler : « erneuern »
- arriver à expiration : « nicht mehr gültig sein », « ab/laufen (ä;ie,au) »
- le contrat : « der Vertrag (¨e) »
- le domicile : « die Wohnung (en) »
- authentifier : ici « nach/weisen (ie,ie) »
- la facture : « die Rechnung (en) »
- le téléphone fixe : « der Festnetzanschluss ». Dans la phrase à traduire, on ne peut pas rajouter cette précision.
- fournir, livrer : « vor/weisen (ie,ie) » (au sens de « montrer un document officiel »), mais le terme commercial est « liefern » (« livrer une marchandise » : « eine Ware liefern » ; « le fournisseur », « le livreur » : « der Lieferant (en,en) »)
- la marge : ici « der Randbezirk (e) »
- rôder : « herum/schleichen (i,i) »
- le trafiquant : « der Schwarzhändler (-) », « der Schieber (-) »
- le recruteur : « der Anwerber (-) »
- engager : « ein/stellen »
- d'inavouables besognes : « unsagbar niedrige Aufgaben »
- s'inquiéter de : « sich Sorgen machen um + acc. / wegen + génitif », « sich sorgen um + acc. », « beunruhigt sein ». Ne pas confondre avec « sorgen für + acc. » : « veiller à », mais aussi « prendre soin de ».

■ Repères grammaticaux

- sa carte de séjour arrivée à expiration depuis plusieurs mois : « seine seit mehreren Monaten nicht mehr gültige Aufenthaltsgenehmigung ». Il s'agit d'une qualificative. Les compléments se placent devant le substantif, en ordre inverse du français. Ils sont précédés d'un article (ici « seine »). Une subordonnée relative, toujours plus facile à former, aurait bien sûr pu être utilisée : « eine Aufenthaltsgenehmigung, die seit mehreren Monaten nicht mehr gültig ist ».
- une adresse de domicile authentifiée par une facture d'eau, d'électricité ou de téléphone fixe : même remarque, il s'agit d'une qualificative, « einen durch eine Wasser-, Elektrizitäts- oder Telefonrechnung nachgewiesenen Wohnsitz ». La subordonnée relative serait : « einen Wohnsitz, der durch... nachgewiesen wurde ».
- aucun de ces documents : pronom indéfini « keines », ou « keins », au neutre car il se rapporte à « das Dokument ». Au nominatif masculin, le pronom indéfini est « keiner », au féminin « keine » (« keiner war da » : « personne n'était présent »).

- prêts à vous engager : le pronom indéfini « vous » se traduira en allemand par « ein » qui se décline (ici à l'accusatif, « einen »).
- Il... ne s'en inquiétait pas : « Er... machte sich darum keine Sorgen ». Le pronom de reprise « en » se rend par « darum » si l'on a utilisé l'expression « sich Sorgen machen um + acc. ». On pourrait également accepter « deswegen ».

▶ *Proposition de traduction*

Im Ausland

Was ist ein Ausländer ohne Papiere? Es ist ein Fremder in der Illegalität. Ein illegaler Einwanderer, der alle Beweise für seine Identität verbrannt hat, um die Zwangsrückführung in sein Heimatland unmöglich zu machen. Aber es kann auch ein Fremder sein, der legalerweise in das Land eingereist ist und der keine Arbeitserlaubnis mehr hat, keine Aufenthaltsgenehmigung und keinen Grund, in diesem Land zu bleiben.

Azel befand sich in der letzteren Lage. Um seine seit mehreren Monaten nicht mehr gültige Aufenthaltsgenehmigung zu erneuern, musste er eine Arbeit haben mit einem Vertrag des Arbeitgebers und einen durch eine Wasser-, Elektrizitäts- oder Telefonrechnung nachgewiesenen Wohnsitz. Doch konnte er keines dieser Dokumente vorweisen. Er wusste, dass er in die Illegalität abgerutscht, in diese Randbezirke der Gesellschaft geraten war, wo die Schwarzhändler und ähnliche Anwerber herumschleichen, jederzeit dazu bereit, einen für unsagbar niedrige Aufgaben einzustellen. Er wusste das und machte sich darum keine Sorgen.

25 Les relations franco-allemandes **

1. Depuis un demi-siècle, les relations entre la France et l'Allemagne ont toujours été bonnes malgré quelques tensions.
2. Mieux tu parles allemand, plus tu as de chance de trouver un emploi dans la Sarre.
3. Après avoir terminé ses études dans une université française, elle est partie travailler en Allemagne.
4. Pendant son stage en Allemagne, il a été invité par plusieurs collègues bavarois.
5. Lors de son premier séjour en France, elle n'avait que 14 ans.
6. Au lieu de visiter la ville et ses musées, Pierre avait préféré boire une bière avec ses amis allemands.
7. Ce restaurant alsacien, dont tu as sans doute entendu parler, a ouvert ses portes il y a un an seulement.
8. La plupart des Français ignorent quel est le nom du Président de la République fédérale d'Allemagne.
9. Quand je vais chez mes amis allemands, je change de train à Ratisbonne.
10. Beaucoup de Français ont été très fiers de leur équipe de football ; beaucoup d'Allemands ont été moins satisfaits de la leur.

▶ *Proposition de traduction*

1. Seit einem halben Jahrhundert sind die Beziehungen zwischen Frankreich und Deutschland trotz mancher Spannungen immer gut gewesen.
2. Je besser du Deutsch sprichst, desto besser sind deine Chancen, eine Arbeit im Saarland zu finden.
3. Nachdem sie ihr Studium an einer französischen Universität beendet hatte, ist sie nach Deutschland gegangen, um zu arbeiten.
4. Während seines Praktikums in Deutschland wurde er von mehreren bayerischen Kollegen eingeladen.
5. Während ihres ersten Aufenthalts in Frankreich war sie erst 14 Jahre alt.
6. Anstatt die Stadt und ihre Museen zu besichtigen, hatte Pierre lieber mit seinen deutschen Freunden ein Bier getrunken / hatte Pierre es vorgezogen, mit… ein Bier zu trinken.
7. Dieses elsässische Restaurant, von dem du sicher gehört hast, hat erst vor einem Jahr eröffnet.
8. Die meisten Franzosen kennen den Namen des Präsidenten der Bundesrepublik Deutschland nicht.
9. Wenn ich zu meinen deutschen Freunden fahre, steige ich in Regensburg um.
10. Viele Franzosen waren sehr stolz auf ihre Fußballmannschaft; Viele Deutsche waren mit ihrer / der ihren weniger zufrieden.

26 | Première journée : vendredi ***

La scène inaugurale se déroule à Paris, en face de la gare du nord, dans le café qui se dénomme, ambitieusement, Brasserie de l'Europe. C'est, chrome, plastique et moleskine, un décor propre à faire éclore la neurasthénie dans l'âme de toute personne qui commettrait l'imprudence de le regarder. Il est un peu plus d'une heure. Certains clients mangent un œuf à la russe, d'autres des sandwiches. Aline Berger, trente-cinq ans, lit, assise devant une eau minérale dont elle prend régulièrement quelques gorgées. On n'annonce que vingt minutes avant le départ à quel quai trouver son train et Aline n'aime pas attendre dans le grand hall disproportionné et bruyant où elle n'est jamais sûre qu'elle pourra s'asseoir. Mme Berger me semble assez peu concentrée sur sa lecture. De temps à autre, elle promène autour d'elle un regard qu'elle reporte ensuite à sa montre. Le temps ne passe pas. Elle n'aurait pas dû partir si tôt.

Jacqueline Harpman, Orléanda, Grasset, 1996, p. 13

❭ Au fil du texte

■ Repères lexicaux

- la scène inaugurale : « die Anfangsszene »
- se dérouler : « spielen », « sich ab/spielen »
- en face de : « gegenüber + datif »
- le café, le bistrot : « das Café (s) » ; « le café » (boisson) : « der Kaffee »
- se dénommer : « heißen (ie,ei) »
- ambitieusement, ambitieux : « ehrgeizig » ; « l'ambition » : « der Ehrgeiz » ; « l'ambitieux » : « der Ehrgeizige », qui est un adjectif substantivé (« un ambitieux » : « ein Ehrgeiziger »).
- la brasserie : laisser en français ou traduire par « das Restaurant (s) » ou « die Kneipe (n) » qui seraient légèrement inexacts ; « die Brauerei » ne convient pas car c'est le lieu où l'on brasse la bière, où l'on boit mais où l'on ne mange pas.
- le chrome : « das Chrom »
- le plastique : « der Kunststoff », « das Plastik » ; au féminin « die Plastik » a le sens de « la sculpture ».
- la moleskine ou molesquine : « das Moleskin ». Il s'agit d'un tissu de coton ayant l'aspect du cuir.
- le décor : « das Dekor »
- C'est, chrome, plastique et moleskine, un décor... : on ne peut garder en allemand la structure de cette phrase. On pourra par exemple ajouter « der Überzug (¨e) »

qui signifie « le revêtement », « la housse » : « Mit seinen Chrom-, Plastik- und Moleskinüberzügen ist es ein Dekor,... ».

– être propre à : « sich eignen zu + datif »

– faire éclore : « wecken », « entstehen lassen »

– la neurasthénie : « die Neurasthenie » est un terme de spécialiste en allemand, on parle plus généralement de « die Nervenschwäche ». On préfère éviter les termes grecs en médecine dans la langue allemande courante (« der Frauenartz » plutôt que « der Gynäkologe »).

– l'âme : « die Seele »

– commettre l'imprudence de : « unvorsichtig genug sein zu + infinitif » ; « être insouciant » : « unvorsichtig sein », « unbekümmert sein » ; « l'imprudence » : « die Unvorsichtigkeit », « der Mangel an Vorsicht »

– regarder : « sich etwas (datif) an/sehen (ie;a,e) » (« je regarde quelque chose » : « ich sehe mir etwas an »)

– certains : « manche »

– manger, consommer : « verzehren »

– un œuf à la russe : « ein Russisches Ei », avec une majuscule à l'adjectif car il s'agit d'un nom propre.

– le sandwich : « das Sandwich (es) ». On trouve fréquemment chez les boulangers allemands des petits pains ronds garnis que l'on appelle « belegte Brötchen (-) ».

– l'eau minérale : « das Mineralwasser »

– régulièrement : « in regelmässigen Abständen », « regelmässig »

– la gorgée : « der Schluck (e) » ; « quelques gorgées » : « ein paar Schlucke »

– on n'annonce que vingt minutes avant... : « erst zwanzig Minuten vor... » On traduit « ne que » au sens temporel restrictif par « erst » et non par « nur » qui a un sens quantitatif.

– annoncer (par haut-parleur) : « durch/sagen » ; « l'annonce » : « die Durchsage (n) »

– le départ (du train) : « die Abfahrt »

– le quai : « der Bahnsteig (e) » ; « la voie » : « das Gleis (e) »

– disproportionné, surdimensionné : « übergroß », « überdimensioniert » ; « la proportion » : « die Proportion (en) », « das Verhältnis (se) »

– s'asseoir : « sich setzen », verbe régulier, à ne pas confondre avec « sitzen (a,e) » : « être assis ».

– assez peu : « recht wenig », « eher wenig »

– concentré : « konzentriert » ; « la concentration » : « die Konzentration »

– de temps à autre : « ab und zu »

– promener le regard : « den Blick schweifen lassen »

– reporter le regard sur : « den Blick zurück/lenken auf + acc. », « den Blick wieder richten auf + acc. »

- la montre : « die Uhr (en) » (qui signifie également « l'heure » dans la construction « es ist drei Uhr », et « l'horloge » par exemple pour désigner la spécialité de Forêt-Noire, « die Kuckucksuhr »).
- passer : « vergehen (i,a) » pour traduire « le temps passe » (« die Zeit vergeht (i,a) »). Mais le verbe « passer » peut être traduit de différentes manières selon son sens : « passer les vacances » : « die Ferien verbringen (a,a) » ; « passer à pied / en auto » : « vorbei/gehen (i,a) », « vorbei/fahren (ä;u,a) » ; « être passé / terminé » : « vorbei sein » ; « passer un examen » : « eine Prüfung ab/legen »
- partir : « auf/brechen (i;a,o) »

■ **Repères grammaticaux**

- faire éclore, faire naître : « entstehen lassen (ä;ie,a) » car « faire » suivi d'un infinitif se traduit par « lassen » + infinitif, et jamais par « machen ».
- (Elle) lit, assise devant une eau minérale : il est possible de rendre ces verbes de manière variée, « (sie) liest vor einem Mineralwasser sitzend », ou bien « (sie) sitzt vor einem Mineralwasser und liest dabei ». Les deux actions étant simultanées, on peut soit utiliser le participe présent « sitzend », soit juxtaposer les verbes en les reliant par « und... dabei ».
- une eau minérale dont elle prend quelques gorgées : « (vor) einem Mineralwasser, von dem sie ein paar Schlucke trinkt ». Le verbe « prendre de » sera rendu par « trinken von + datif », ou par « nehmen von + datif », d'où le pronom relatif « dem » qui suit la préposition.
- Elle n'aurait pas dû partir si tôt : « Sie hätte nicht so früh aufbrechen sollen ». Le mode est celui du conditionnel passé qui en allemand se rend par l'auxiliaire « haben » au subjonctif II présent (« hätte ») suivi d'un participe passé qui a ici la forme d'un infinitif (« sollen ») car il a pour complément un infinitif (« aufbrechen »). On a affaire à un double infinitif (« aufbrechen sollen »).

▶ *Proposition de traduction*

Erster Tag: Freitag

Die Anfangsszene spielt in Paris gegenüber dem Nordbahnhof in dem Café, das sich ehrgeizig Brasserie Europa nennt. Mit seinen Chrom-, Plastik- und Moleskinüberzügen ist es ein Dekor, das sich dazu eignet, Nervenschwäche in der Seele jeder Person zu wecken, die unvorsichtig genug wäre, es sich anzusehen. Es ist kurz nach eins. Manche Kunden verzehren ein Russisches Ei, andere Sandwiches. Aline Berger, fünfunddreißig, liest vor einem Mineralwasser sitzend, von dem sie in regelmäßigen Abständen ein paar Schlucke trinkt. Erst zwanzig Minuten vor Abfahrt wird durchgesagt, auf welchem Bahnsteig man seinen Zug findet, und Aline wartet nur ungern in dieser übergroßen und lauten Halle, wo sie nie sicher sein kann, einen Sitzplatz zu finden.
Frau Berger scheint mir recht wenig auf ihre Lektüre konzentriert. Ab und zu lässt sie ihren Blick schweifen, um ihn dann später auf ihre Uhr zurückzulenken. Die Zeit vergeht nicht. Sie hätte nicht so früh aufbrechen sollen.

27 L'hôtel des contrastes **

[Sujet Ponts et Chaussées, Supaéro, Mines, Polytechnique TSI LV1 2008]

Les clients sont accueillis par le regard presque bienveillant de Horst Zimmermann : le portrait de feu le président du Parlement est-allemand est accroché au mur dans l'entrée.

Le papier peint, tout en figures géométriques et couleurs d'un autre âge, les lampes, les fauteuils, les armoires, les lits... tout dans cet hôtel bon marché installé dans un grand ensemble en béton d'époque est un modèle authentique de l'ex-Allemagne communiste. Sa proximité de plusieurs hauts lieux de la vie berlinoise contemporaine, comme la boîte de nuit *Berghain*, l'une des plus connues d'Europe, lui assure une clientèle plutôt jeune et curieuse dans une capitale où toute l'histoire du XXe siècle se palpe presque à chaque coin de rue. [...] L'hôtel offre toute une palette de chambres, des plus modestes en dortoir – pour rappeler les jeunesses communistes – aux appartements avec vue sur la Tour de la télévision, symbole s'il en est de Berlin-Est.

Le Monde, 08.09.2007

❱ *Au fil du texte*

■ **Repères lexicaux**

- le contraste : « der Kontrast (e) »
- le client : « der Kunde (n,n) » ; « la clientèle » : « die Kundschaft »
- accueillir : « empfangen (ä;i,a) » ; « le destinataire » : « der Empfänger (-) » ; « la réception » : « der Empfang (¨e) »
- le regard : « der Blick (e) »
- presque : « fast », « beinahe »
- bienveillant : « wohlwollend »
- le portrait : « das Portrait (s) » ou « das Porträt (s) », les deux orthographes sont admises.
- feu : « verstorben »
- le mur : « die Wand (¨e) »
- le papier peint : « die Tapete (n) »
- tout en : « ganz mit... verziert » ; « verzieren » signifie « décorer ».

- la figure : « das Motiv (e) » ; mais « la figure » au sens de « visage » se dit « das Gesicht (er) »
- d'un autre âge : « einer verflossenen Epoche », « einer anderen Zeit »
- le fauteuil : « der Sessel (-) »
- l'armoire : « der Schrank ("e) »
- le grand ensemble : « die Plattenbausiedlung » (ensemble d'immeubles composés d'éléments en béton préfabriqués, le terme désignant surtout les cités des pays communistes), ou « die Siedlung (en) ».
- le béton : « der Beton » ; « le grand ensemble en béton » : « der Betonkomplex » ou « ganz aus Beton »
- d'époque : il est fait allusion aux « meubles d'époque », en allemand « die Stilmöbel », mais ici il est impossible d'utiliser « Stil » et difficile de conserver l'ironie du journaliste. On traduira par « echt » qui a le sens de « authentique ».
- authentique « getreu »
- la proximité de : « die Nähe zu + datif »
- le haut lieu : « die Hochburg (en) »
- contemporain : « modern », « zeitgenössisch »
- assurer : « sichern »
- la clientèle : « die Kundschaft » ; « le client » : « der Kunde (n,n) »
- plutôt : « eher »
- curieux de : « neugierig auf + acc. » ; « la curiosité » : « die Neugier auf + acc. »
- se palper : « spürbar sein »
- le coin : « die Ecke (n) »
- des plus modestes… aux… : « von + datif … bis zu + datif »
- modeste : « bescheiden » ; « la modestie » : « die Bescheidenheit »
- le dortoir : « der Schlafsaal ». Bien noter le pluriel de « der Saal » qui est « die Säle ».
- s'il en est, par excellence : « schlechthin » ou même l'expression française utilisée également en allemand, « par excellence ».

■ Repères grammaticaux

- être accroché : « hängen (i,a) » est irrégulier et se conjugue au parfait avec l'auxiliaire « sein » alors que le verbe régulier « hängen » régulier, qui se conjugue au parfait avec « haben », signifie « accrocher ».
- sa proximité de plusieurs hauts lieux comme la boîte de nuit : « seine Nähe zu mehreren Hochburgen…, wie der Diskothek ». L'apposition est au même cas que son antécédent « Hochburgen », au datif après « zu ».
- vue sur la tour de la télévision, symbole… : « Blick auf den Fernsehturm, das Symbol… ». L'apposition (« das Symbol ») est à l'accusatif comme son antécédent « den Fernsehturm » dont le cas était déterminé par la préposition « auf ».

Das Hotel der Kontraste

Die Kunden werden durch den beinahe wohlwollenden Blick von Horst Zimmermann empfangen: Das Portrait des verstorbenen Präsidenten des ostdeutschen Parlaments hängt an der Wand im Eingangsbereich.

Die Tapete, ganz mit geometrischen Motiven und Farben einer verflossenen Epoche verziert, die Lampen, die Sessel, die Schränke, die Betten... Alles in diesem billigen Hotel, das in einer echten Plattenbausiedlung ganz aus Beton liegt, ist ein getreues Bild des ehemaligen kommunistischen Deutschlands. Seine Nähe zu mehreren Hochburgen des modernen Berliner Lebens, wie der Diskothek Berghain, einer der bekanntesten in Europa, sichert ihm eine eher junge und neugierige Kundschaft in einer Hauptstadt, wo die gesamte Geschichte des XX. Jahrhunderts an beinahe jeder Straßenecke spürbar ist. [...] Das Hotel bietet eine Palette von Zimmern an, von den bescheidensten Schlafsälen – um an die kommunistische Jugend zu erinnern – bis zu den Wohnungen mit Blick auf den Fernsehturm, das Symbol Ostberlins schlechthin.

28 La qualité de l'information ***

Les nouvelles technologies de l'information n'augmentent pas la qualité de l'information, mais accroissent sa quantité dans des proportions considérables. Plus les messages sont nombreux pour un même sujet, plus nous avons de chances de trouver un message clair et pertinent. La qualité est ainsi une retombée indirecte de la quantité. S'il est vrai qu'il y a de plus en plus de bruit, il y a tellement d'informations que nous pouvons retrouver du sens : grâce à Internet, il est envisageable de trouver la suite d'une histoire ou les causes d'un phénomène. Internet est peut-être une immense décharge, mais avec des pépites, qu'il est possible de dénicher. En revanche, l'intelligence collective créée par Internet est spécifique et limitée : c'est plus une bibliothèque qu'un cerveau. Grâce au Web, nous accédons, par exemple, à une grande bibliothèque de recettes de cuisine, mais il y manque le cerveau capable de construire une synthèse des meilleures recettes.

Christian Morel, *L'Enfer de l'information ordinaire*, éditions Gallimard, 2007

▶ Au fil du texte

■ Repères lexicaux

– augmenter la qualité : « die Qualität verbessern », et non pas « vergrößern », purement quantitatif, que l'on utilise juste après dans le texte pour traduire « accroître ».

– dans des proportions considérables : « in einem beträchtlichen Umfang », « in beträchtlichem Maße »

– un même sujet : « dasselbe Thema », « ein und dasselbe Thema » (expression idiomatique, dans ce cas « ein » reste invariable)

– pertinent : « treffend »

– la retombée : « die Folge (n) », « das Nebenprodukt (e) »

– la quantité : « die Quantität (en) », « die Menge (n) »

– S'il est vrai que…, il y a… : « Selbst wenn es stimmt / Wenn es auch stimmt, dass…, so gibt es doch auch… »

– le bruit : « das Hintergrundgeräusch (e) » ; en général « der Lärm » (singulier invariable), « das Geräusch (e) »

– retrouver du sens : « wieder Sinn finden » ; « le sens » : « der Sinn (e) »

– grâce à : « dank » + datif ou génitif

– il est envisageable : « es ist denkbar », « es ist vorstellbar », « man kann erwägen », « man kann sich vorstellen »

– la cause : « die Ursache (n) »

– le phénomène : « das Phänomen (a) » ou pluriel plus courant (e).

– la décharge : « die Müllhalde », « die Mülldeponie », tandis que le terme « der Müllabladeplatz » désigne « le dépotoir ».

– la pépite : « das Goldklümpchen (-) », « das Goldkorn (¨er) », « das Nugget (s) ». « Der Goldklumpen » ne convient pas car ce mot désigne une trop grosse trouvaille.

– dénicher : « heraus/picken », « etwas auf/treiben (ie,ie) », « ausfindig machen »

– spécifique : « spezifisch »

– limitée : « beschränkt », « begrenzt »

– la bibliothèque : « die Bibliothek (en) », « die Bücherei (en) »

– le cerveau : « das Gehirn (e) »

– accéder à : « Zugang haben zu + datif »

– la recette de cuisine : « das Kochrezept (e) », « das Küchenrezept (e) »

– il manque quelque chose : « es fehlt etwas » ; « manquer de » : « fehlen an + datif », « mangeln an + datif »

– y : « dabei »

– capable de : « fähig sein zu + infinitif », « die Fähigkeit haben zu + infinitif », « in der Lage sein zu + infinitif »

– construire une synthèse : on ne peut utiliser la traduction du verbe « construire » (« bauen »), on peut choisir « eine Synthese erarbeiten / erstellen » ; « la synthèse » : « die Synthese (n) »

■ **Repères grammaticaux**

– Plus les messages sont nombreux pour un même sujet, plus nous avons de chances de... : « Je zahlreicher die Nachrichten über dasselbe Thema (sind), desto mehr Chancen haben wir,... ». Bien noter la place du verbe conjugué dans ces tournures, tout d'abord en dernière place après « je + comparatif » – mais que l'on peut sous entendre quand il s'agit de « sein » afin d'alléger la phrase –, puis en deuxième place après « desto + comparatif ».

– l'intelligence collective créée par Internet : « Die durch Internet geschaffene kollektive Intelligenz ». La qualificative est composée d'un article (« die »), d'un complément (« durch Internet »), puis du participe passé qui est décliné ici au nominatif féminin singulier – « geschaffene », participe irrégulier de « schaffen (u,a) » –, et pour finir du substantif (« Intelligenz »).

Die Qualität der Information

Die neuen Informationstechnologien verbessern die Qualität der Information nicht, sondern vergrößern ihre Quantität in einem beträchtlichen Umfang. Je zahlreicher die Nachrichten über dasselbe Thema sind, desto mehr Chancen haben wir, eine klare und treffende Nachricht zu finden. Hiermit ist die Qualität ein indirektes Nebenprodukt der Quantität. Selbst wenn es stimmt, dass es immer mehr Hintergrundgeräusche gibt, so gibt es doch auch eine so große Menge an Informationen, dass wir wieder einen Sinn darin finden können: Dank dem Internet ist es denkbar, die Folge einer Geschichte oder die Ursachen für ein Phänomen zu finden. Internet mag eine riesige Müllhalde sein, doch gibt es darin Goldklümpchen, die man herauspicken kann. Die durch Internet geschaffene kollektive Intelligenz ist dagegen spezifisch und begrenzt: Es ist eher eine Bibliothek als ein Gehirn. Dank dem Web haben wir zum Beispiel Zugang zu einer großen Bibliothek von Küchenrezepten, aber es fehlt das Gehirn dabei, das fähig wäre, eine Synthese der besten Rezepte zu erarbeiten.

Paul Klee, un artiste dégénéré **

[Sujet HEC – CCIP LV1 2006]

Né le 18 décembre 1879 à Münchenbuchsee (Suisse), Paul Klee se veut d'abord musicien. À onze ans, il est violoniste à l'orchestre municipal de sa ville d'adoption, Berne. En 1898, pourtant, il décide d'étudier la peinture, à Munich. [...]

Les années passant, Klee s'applique à théoriser et à expliquer son travail, sans doute encouragé par le succès : il a signé un contrat avec la galerie Hans Goltz et y fait en 1920 sa première rétrospective, avec 362 œuvres. En 1920, Walter Gropius lui demande de devenir professeur à l'école d'architecture de Weimar, le célèbre Bauhaus. C'est cette même année qu'il prononce sa formule célèbre : « L'art ne reproduit pas le visible ; il rend visible... »

Sa réputation va grandissant : il suscite l'intérêt des surréalistes, qui l'invitent à participer à leur première exposition collective, à Paris, en 1925.

Mais la montée du nazisme met fin à cette histoire heureuse : Klee n'est pas directement touché par la dissolution du Bauhaus, décidée par Göring en avril 1933, car il a démissionné deux ans plus tôt pour enseigner à l'académie de Düsseldorf. Mais il est destitué par le nouveau régime, et ses œuvres sont incluses dans les expositions d'art « dégénéré » organisées par les nazis. Au total, plus de 100 œuvres sont retirées des collections publiques allemandes ou vendues.

En décembre 1933, Klee revient à Berne.

Le Monde, 24.06.05

❱ *Au fil du texte*

■ Repères lexicaux

– l'artiste : « der Künstler (-) »

– dégénéré : « entartet » ; « l'art dégénéré » : « die entartete Kunst »

– le 18 décembre : « am 18. Dezember », mais la préposition est différente pour traduire « en décembre » : « im Dezember »

– il se veut : « er sieht sich als »

– à 11 ans : « mit elf (Jahren) »

– le violoniste : « der Geiger (-) », « der Violinist (en,en) » ; « le violon » : « die Geige (n) »

– l'orchestre : « das Orchester (-) »

– municipal : « Stadt- », « städtisch »

– la ville d'adoption : « die Wahlheimat » ne convient pas ici car Paul Klee ne choisit pas Berne, il y suit sa famille ; préférer « die neue Heimat ».

– Berne : « Bern », capitale de la Suisse.

– décider de : « sich entscheiden (ie,ie) für + acc. », « beschließen (o,o) zu + inf. »

– la peinture : « die Malerei », mais « la peinture en pot » : « die Farbe »

– les années passant : « mit den Jahren », « über die Jahre »

– s'appliquer à : « sich bemühen um + acc. »

– théoriser : « theoretisieren »

– sans doute : « zweifelsohne », « zweifellos »

– encourager : « ermutigen » ; « le courage » : « der Mut »

– le succès : « der Erfolg (e) »

– signer : « unterzeichnen », « unterschreiben (ie,ie) » ; « la signature » : « die Unterschrift (en) »

– le contrat : « der Vertrag (¨e) »

– la galerie : « die Galerie (n) », « die Kunstgalerie (n) »

– la rétrospective : « die Retrospektive (n) »

– l'œuvre : « das Werk (e) »

– demander de : « bitten (a,e) um + acc. », et non pas « fragen nach + datif » qui signifie « poser une question ».

– l'école : ici non pas « die Schule (n) », mais « die Hochschule (n) », équivalent de « die Universität (en) »

– l'architecture : « die Architektur » ; « l'architecte » : « der Architekt (en,en) » ; mais à Weimar « l'école d'architecture » s'appelait précisément « die Bauhochschule ».

– célèbre : « berühmt »

– le Bauhaus : « das Bauhaus », nom de l'Institut d'architecture et d'arts appliqués dirigé par Walter Gropius à partir de 1919 à Weimar, puis après 1925 à Dessau, célèbre pour ses innovations.

– prononcer une formule : « einen Ausdruck / Satz prägen », « einen Spruch aus/ sprechen (i;a,o) »

– reproduire : « wieder/geben (i;a,e) »

– le visible : « das Sichtbare » ; « visible » : « sichtbar » ; « invisible » : « unsichtbar »

– la réputation : « der Ruf »

– susciter de l'intérêt : « Interesse wecken »

– le surréaliste : « der Surrealist (en,en) » ; « le surréalisme » : « der Surrealismus »

– participer à : « teil/nehmen (i;a,o) an + datif » ; « la participation » : « die Teilnahme »

– collectif : « kollektiv »

– la montée : « der Aufstieg »

– mettre fin à : « etwas (acc.) beenden », « etwas (datif) ein Ende setzen »

– être touché par : « betroffen sein von + datif »

– la dissolution : « die Auflösung » ; « dissoudre » : « auf/lösen »

– démissioner : « zurück/treten (i;a,e) » ; « la démission » : « der Rücktritt »

– enseigner : « lehren », « unterrichten »

– destituer : « ab/setzen »

– le régime : « das Regime (-) »

– inclure : « ein/beziehen (o,o) »

– organiser : « veranstalten », « organisieren »

– au total : « insgesamt »

– retirer de : « entfernen von / aus + datif »

– la collection : « die Sammlung (en) » ; « collectionner », « rassembler » : « sammeln »

– public : « öffentlich »

■ **Repères grammaticaux**

– à l'école d'architecture de Weimar, le célèbre Bauhaus : « in der Bauhochschule Weimar, dem berühmten Bauhaus » : l'apposition est au même cas que son antécédent, « Bauhaus » est donc au datif comme « der Hochschule » qui suit la préposition « in + datif ».

– par la dissolution du Bauhaus, décidée par Göring en avril 1933 : « von der von Göring im April 1933 beschlossenen Auflösung des Bauhaus ». Il faut ici former une qualificative introduite par la préposition « von + datif ». L'article est au datif (« der »), suivi des compléments d'agent (« von Göring »), du complément de temps (« im April »), puis du participe passé au datif féminin (« beschlossenen »), et enfin du substantif « Auflösung ».

– les expositions d'art dégénéré organisées par les nazis : là aussi, il convient de former une qualificative, « die von den Nazis veranstalteten Ausstellungen entarteter Kunst ». Le noyau « Ausstellungen » est précédé de l'article « die », du complément d'agent « von den Nazis », puis du participe passé à l'accusatif pluriel « veranstalteten ».

▶ *Proposition de traduction*

Paul Klee, ein entarteter Künstler

Geboren am 18. Dezember 1879 in Münchenbuchsee (Schweiz) sieht sich Paul Klee zuerst als Musiker. Mit elf Jahren ist er Geiger im Stadtorchester seiner neuen Heimat, Bern. 1898 entscheidet er sich jedoch dafür, in München Malerei zu studieren. [...] Mit den Jahren bemüht sich Klee darum, zweifelsohne durch seinen Erfolg ermutigt, seine Arbeit zu theoretisieren und zu erklären: Er hat einen Vertrag mit der Galerie Hans Goltz unterschrieben und veranstaltet dort 1920 seine erste Retrospektive, mit 362 Werken. 1920 bittet ihn Walter Gropius darum, Professor an der Bauhochschule Weimar, dem berühmten Bauhaus, zu werden. Genau in diesem Jahr prägt er seinen berühmten Ausdruck: « Die Kunst gibt nicht das Sichtbare wieder, sondern Kunst macht sichtbar... ».

Sein Ruf wächst weiter: Er weckt das Interesse der Surrealisten, die ihn darum bitten, an ihrer ersten gemeinsamen Ausstellung in Paris 1925 teilzunehmen.

Aber der Aufstieg des Nationalsozialismus beendet diese glückliche Geschichte: Klee ist von der von Göring im April 1933 beschlossenen Auflösung des Bauhaus nicht direkt betroffen, weil er zwei Jahre zuvor zurückgetreten ist, um an der Düsseldorfer Akademie zu lehren. Aber er wird vom neuen Regime abgesetzt und seine Werke werden in die von den Nazis veranstalteten Ausstellungen « entarteter » Kunst einbezogen. Insgesamt werden über 100 Werke aus den öffentlichen deutschen Sammlungen entfernt oder verkauft.

Im Dezember 1933 kehrt Klee nach Bern zurück.

30 Les études **

1. Je pourrais m'inscrire dans une faculté de droit. Qu'en penses-tu ?
2. Après avoir terminé leurs études, ils ont décidé de faire le tour du monde pendant six mois.
3. Malgré toutes ses difficultés, il a l'intention de travailler autant que possible pour réussir le concours.
4. Quand elle m'a téléphoné, je ne savais pas qu'elle venait de commencer ses études de médecine.
5. Ce n'est pas un Allemand mais un Français qui cherche actuellement une chambre dans le foyer d'étudiants.
6. Comme ils ont réussi leur examen, ils vont pouvoir chercher un emploi.
7. Si j'avais su que cet examen était aussi difficile, j'aurais travaillé davantage pour être sûr de le réussir.
8. Ce n'est qu'à la fin de ses études que ma sœur a voulu faire un stage.
9. Dès que j'aurai mes résultats, je vous téléphonerai pour que vous m'expliquiez ce que je dois faire.
10. De nombreux étudiants allemands préfèrent passer un semestre à l'étranger si l'occasion s'en offre.

▶ *Proposition de traduction*

1. Ich könnte mich an einer juristischen Fakultät immatrikulieren / einschreiben. Was hältst du davon?
2. Nachdem sie ihr Studium beendet hatten, / Nach Abschluss ihres Studiums haben sie beschlossen, sechs Monate lang eine Weltreise zu machen.
3. Trotz all seiner Schwierigkeiten hat er die Absicht, so viel wie möglich zu arbeiten, um die Zugangsprüfung / Wettbewerbsprüfung zu bestehen.
4. Als sie mich angerufen hat, wusste ich nicht, dass sie gerade angefangen hatte, Medizin zu studieren / dass sie gerade mit ihrem Medizinstudium angefangen hatte.
5. Kein Deutscher, sondern ein Franzose sucht zurzeit ein Zimmer im Studenten-wohnheim.
6. Da sie ihre Prüfung bestanden haben, werden sie nach einer Arbeitsstelle suchen können.
7. Wenn ich gewusst hätte / Hätte ich gewusst, dass diese Prüfung so schwierig ist, (so) hätte ich mehr gearbeitet, um sicher zu sein, sie zu bestehen.
8. Erst am Ende ihres Studiums hat meine Schwester ein Praktikum machen wollen.
9. Sobald ich meine Ergebnisse habe, werde ich Sie anrufen, damit Sie mir erklären, was ich machen soll.
10. Zahlreiche deutsche Studenten verbringen lieber ein Semester im Ausland, wenn sich die Gelegenheit dazu bietet.

31 | L'aveugle ***

> 23 avril.
>
> J'ai loué un deux-pièces, meublé, pour trois mois, en téléphonant à une agence.
> J'ai dit que j'étais aveugle, qu'il fallait que le studio soit près d'une station de
> métro pour que je puisse me déplacer facilement. Quelques jours après j'ai reçu
> la réponse. Rue de la Convention, à environ deux cents mètres de la station Javel.
> J'ai pris rendez-vous pour visiter les lieux. Je me suis fait conduire en taxi. À peine
> le chauffeur m'avait-il aidé à sortir de la voiture que j'ai entendu une voix de
> femme tout près de moi : « Monsieur Daurélien, peut-être ? Je suis la dame de
> l'agence à qui vous avez téléphoné. Je vous conduis, si vous permettez ? ».
> Ma cécité ne la gêne nullement. Elle me décrit le parcours, les lieux avec précision.
> Je m'attarde surtout devant l'évier, la cuisinière, les placards pour m'assurer qu'il
> est facile de les utiliser.
>
> Marc Baconnet, *Midi, la nuit*, NRF, éditions Gallimard, 1984, p. 257

▌ *Au fil du texte*

■ Repères lexicaux

- l'aveugle : « der Blinde (n,n) » ; « aveugle » : « blind » ; « l'aveuglement », « la cécité » : « die Blindheit »
- le deux-pièces : « die Zweizimmerwohnung »
- meublé : « möbliert » ; « le meuble » : « das Möbel (-) »
- « l'agence (immobilière) » : « die Immobilienagentur » puis, « das Immobiliengeschäft »
- le studio : « das Appartment ». On trouve dans les petites annonces la mention « Zimmer-Küche-Bad », ou l'abréviation « ZKB », qui ne sont pas utilisables dans cette traduction.
- près de : « in der Nähe von + datif »
- la station de métro : « die U-Bahn Station » ; « la station de bus » : « die Bushaltestelle »
- se déplacer : « sich (fort/)bewegen »
- à 200 mètres de : « 200 Meter entfernt von + datif »
- prendre rendez-vous : « einen Termin vereinbaren ». Attention au faux ami : « das Rendez-vous » est uniquement amoureux.
- conduire : ici au sens de « mener », « führen », car les personnages sont à pied.
- kaum : « à peine »

- gêner : « stören », « la gêne » : « die Störung (en) »
- nullement : « nicht im Mindesten », « keineswegs »
- le parcours : « der Weg »
- les lieux : pluriel en français d'où la traduction par « die Örtlichkeiten » plutôt que par « der Ort » ou « die Wohnung » qui seraient des singuliers dans cet emploi particulier.
- s'attarder : « verweilen »
- l'évier : « die Spüle » (pour la cuisine), « das Waschbecken » (de salle-de-bain)
- la cuisinière : « der Herd »
- s'assurer de : « sich einer Sache (génitif) vergewissern »
- se servir de : « benutzen » (en général) ; « se servir d'une machine » : « ein Gerät / eine Maschine bedienen ». Dans le cas du verbe « bedienen », il est suivi d'un complément à l'accusatif, contrairement au français « se servir de ».

■ Repères grammaticaux

- en téléphonant : le participe présent indique ici la simultanéité et la cause, d'où l'emploi de la conjonction « indem » : « indem ich eine Immobilienagentur angerufen habe ». Autre possibilité de traduction, plus élégante : « über einen Anruf bei einer Immobilienagentur ».
- J'ai dit que j'étais aveugle, qu'il fallait : discours indirect, le verbe de la subordonnée est au subjonctif I « sei », « müsse ». Il est préférable dans ce cas de ne pas utiliser « dass » et de mettre le verbe des subordonnées en 2e place.
- À peine… que : « kaum » + verbe + sujet + compléments éventuels, puis virgule, puis : verbe + sujet de la principale (sans « dass »).

▶ *Proposition de traduction*

Der Blinde

23. April

Ich habe über einen Anruf bei einer Immobilienagentur eine möblierte Zweizimmerwohnung für drei Monate gemietet. Ich habe gesagt, ich sei blind, die Wohnung müsse in der Nähe einer U-Bahnstation liegen, damit ich mich leicht fortbewegen könne. Ein paar Tage später erhielt ich die Antwort. Rue de la Convention, etwa zweihundert Meter von der Station Javel entfernt. Ich habe einen Termin vereinbart, um die Wohnung zu besichtigen. Ich habe mich von einem Taxi dorthin fahren lassen. Kaum hatte mir der Fahrer geholfen, aus dem Auto auszusteigen, hörte ich schon eine Frauenstimme in meiner unmittelbaren Nähe: « Sind Sie vielleicht Herr Daurélien? Ich bin die Dame der Agentur, die Sie angerufen haben. Ich führe Sie, wenn Sie erlauben. »

Meine Blindheit stört sie nicht im Mindesten. Sie beschreibt mir ganz genau den Weg, die Örtlichkeiten. Ich verweile vor allem vor der Spüle, dem Herd, den Schränken, um mich zu vergewissern, dass sie leicht zu benutzen sind.

32 Berlin-Est change *

La scène contestataire reste néanmoins très vivante, surtout côté Est : ses théâtres off, ateliers, discothèques et ses groupes attirent des jeunes de Paris, Rome ou Londres. Les uns viennent pour le week-end, profitant des vols et des hôtels à prix réduits ; d'autres s'installent plus longtemps, les logements demeurant plus abordables que dans d'autres capitales, ou qu'à Munich, Francfort ou Hambourg. Mais les loyers augmentent vite, notamment du fait des travaux de rénovation. Les appartements rénovés se vendent d'ailleurs bien, ce qui oblige les anciens Berlinois de l'Est à déménager vers les banlieues. Les Occidentaux plus fortunés s'installent à leur place, bousculant ainsi les structures sociales traditionnelles.

Manière de voir

▶ *Au fil du texte*

■ Repères lexicaux

– changer : « sich ändern » ; « le changement » : « die Änderung (en) »

– contestataire : « alternativ » ; « la contestation » : « der Protest (e) »

– néanmoins : « nichtsdestoweniger », « nichtsdestotrotz »

– l'atelier : « die Werkstatt (en) »

– le groupe (de musique) : « die Band (s) », mot anglais prononcé à l'anglaise

– attirer : « an/ziehen (o,o) »

– profiter de : non pas « profitieren von + datif » qui a plutôt un sens négatif (« abuser de »), mais « aus/nützen » ou « nützen ».

– à prix réduits : « verbilligt » ; « bon marché » : « billig »

– s'installer : « sich nieder/lassen (ä;ie,a) », « sich ein/richten »

– abordable : « erschwinglich », « günstig ». Pour qualifier le caractère d'une personne, on traduira par « zugänglich », qui signifie également « accessible ».

– le loyer : ici « die Mietpreise » au pluriel car il s'agit des montants des loyers, ou « die Miete (n) ».

– notamment : « vor allem », « namentlich »

– d'ailleurs : « übrigens »

– obliger à : « zwingen (a,u) zu + infinitif »

– ancien : « ehemalig » et non pas « alt » car il n'est pas question de l'âge des locataires, mais des locataires précédents.

– fortuné : « wohlhabend », « reich »

– à leur place : « an ihrer Stelle » ; « à ma place » : « an meiner Stelle »

- bousculer : « durcheinander/bringen (a,a) », « um/wälzen » ; « le bouleversement » : « die Umwälzung », « der Umsturz »
- ainsi : « dadurch », « hiermit »
- la structure : « die Struktur (en) »

■ Repères grammaticaux

L'article français est riche en participes présents que l'on rendra de manière différente selon le contexte :

- profitant des vols : « weil sie die verbilligten Flüge (aus/)nützen ». Le participe présent ayant une notion de cause, la conjonction de subordination choisie est « weil ».
- les logements demeurant plus abordables : « da die Wohnungen günstiger bleiben ». On utilise la conjonction de subordination « da » qui signifie « puisque », « comme ».
- bousculant ainsi les structures : « und bringen dadurch die Strukturen durcheinander ». La simultanéité des actions et le lien de causalité peuvent être rendus tout simplement par « und dadurch ».

▶ *Proposition de traduction*

Ost-Berlin ändert sich

Nichtsdestoweniger bleibt die alternative Szene sehr lebendig, vor allem im Ostteil: Ihre Off-Theater, Werkstätten, Diskotheken und ihre Bands ziehen junge Leute aus Paris, Rom oder London an. Die einen kommen fürs Wochenende, weil sie die verbilligten Flüge und Hotels ausnützen; Andere lassen sich für längere Zeit nieder, da die Wohnungen erschwinglicher bleiben als in anderen Hauptstädten oder als in München, Frankfurt oder Hamburg. Aber die Mietpreise steigen schnell, insbesondere wegen der Renovierungsarbeiten. Die renovierten Wohnungen verkaufen sich übrigens gut, was die ehemaligen Ost-Berliner dazu zwingt, in die Vororte zu ziehen. Die wohlhabenderen Westdeutschen lassen sich an ihrer Stelle nieder, und bringen dadurch die traditionellen Sozialstrukturen durcheinander.

$\boxed{33}$ La Trabant a 50 ans **

[Sujet Ecricome LV1 2008]

Il y a un demi-siècle, l'URSS annonçait le lancement de Spoutnik, le 4 octobre 1957. La République démocratique allemande, elle, présentait, le 7 novembre de la même année, une autre réalisation du socialisme : la Trabant. Certes moins marquante, cette voiture dont le nom signifie « satellite » – allusion à l'actualité de l'époque – fut conçue dans le cadre du deuxième plan quinquennal (1) de la RDA.

Dans les prochaines semaines, cet anniversaire va mobiliser les quelque 150 clubs de collectionneurs qui, à travers l'Europe, entretiennent les survivantes des trois millions de modèles fabriqués jusqu'en 1991.

Reflet de l'« ostalgie », la Trabant connaît depuis la chute du mur de Berlin un grand succès. À Berlin ou Dresde, des agences touristiques organisent des séjours dans des hôtels où la RDA est reconstituée, avec balade en Trabant à travers la ville. Pour les Allemands de l'Est, cette petite auto représentait un rêve. En moyenne, il fallait attendre douze ans avant de pouvoir s'asseoir à son volant et débourser une somme représentant deux années de salaire d'un ouvrier.

D'après Jean-Michel Normand, *Le Monde*, 06.11.07

(1) Le plan quinquennal : der Fünfjahresplan

▶ Au fil du texte

■ Repères lexicaux

– la Trabant : « der Trabant (-) » (génitif singulier : « des Trabants »), nom de la voiture symbole de l'Allemagne de l'Est, et signifiant « le satellite ». Mais lorsque « der Trabant » a le sens de « satellite », le mot est un masculin faible (en,en). Le nom affectueux de cette voiture est « der Trabi (s) ».

– avoir 50 ans : « fünfzig Jahre alt sein ». Ici, le verbe « haben » est impossible !

– le siècle : « das Jahrhundert (e) »

– l'URSS : « die UdSSR » (« die Union der Sozialistischen Sowjetrepubliken ») ; « l'Union Soviétique » : « die Sowjetunion » ; « la Russie » : « Russland »

– annoncer : « mit/teilen », « verkünden », « an/kündigen » ; « l'annonce » : « die Mitteilung », « die Ankündigung » à ne pas confondre avec « die Verkündigung » : « l'Annonciation ».

– le lancement : « der Start »

– Spoutnik : « Sputnik »

– la RDA : « die DDR », « die Deutsche Demokratische Republik »

– la RDA, elle : « die DDR ihrerseits »

– présenter : « vor/stellen »

– la réalisation : ici « das Produkt (e) », « die Schöpfung » qui a également une connotation religieuse (« la création »). « Die Verwirklichung » signifie « la réalisation d'un projet » ; « réaliser » (un projet) : « verwirklichen »

– le socialisme : « der Sozialismus »

– certes : « zwar » (qui ici ne nécessite pas ensuite une proposition débutant par « aber »), « sicherlich »

– marquant : « markant »

– l'allusion à : « die Anspielung (en) auf + acc. » ; « faire une allusion à » : « an/spielen auf + acc. » ; ici, il faut comprendre « faisant allusion à » ce qui se rendrait par « in Anspielung auf + acc. ».

– l'actualité : « das Zeitgeschehen », « die Aktualität »

– l'époque : « die Zeit », « die Epoche »

– concevoir : « entwerfen (i;a,o) » ; « la conception » : « der Entwurf (¨e) »

– le cadre : « der Rahmen » ; « dans le cadre de » : « im Rahmen von + datif », « im Rahmen + gén. »

– l'anniversaire : « der Jahrestag » (pour un événement) et non pas « der Geburtstag »

– mobiliser : « mobilisieren »

– les quelque 150 clubs : « die etwa 150 Klubs » ; « le club » : « der Klub (s) », « der Verein (e) ». En français, pas de -s à « quelque » utilisé comme adverbe !

– le collectionneur : « der Sammler (-) » ; « collectionner » : « sammeln » ; « la collection » : « die Sammlung (en) »

– à travers l'Europe, au sens de « répartis dans toute l'Europe » : « über ganz Europa verteilt »

– entretenir : « pflegen » ; « l'entretien » : « die Pflege »

– le survivant, la survivante : « der / die Überlebende (n,n) » (adjectif substantivé)

– le modèle : « das Modell (e) »

– fabriquer : « her/stellen » ; « la fabrication » : « die Herstellung »

– le reflet : « der Spiegel (-) » (qui signifie aussi « le miroir »)

– l'ostalgie : « die Ostalgie », mot créé à partir de « der Osten » et de « die Nostalgie » pour désigner le sentiment de regret éprouvé par certains Allemands de l'Est depuis la disparition de la RDA.

– connaître un succès : « einen Erfolg verzeichnen », « sich großer Beliebtheit erfreuen »

– le mur : « die Mauer » est féminin en allemand.

– l'agence touristique : « das Reisebüro (s) »

– organiser : « veranstalten » (une manifestation), « organisieren »

– le séjour : « der Aufenthalt (e) »

– reconstituer : « wiederbeleben » (préverbe inséparable)

– la balade : « die Fahrt (en) » ou « die Spazierfahrt (en) » ici, car elle est effectuée en auto, mais « la balade à pied » se dit : « der Spaziergang (¨e) ».

– représenter un rêve : « einen Traum dar/stellen », « einen Traum bedeuten »

– en moyenne : « durchschnittlich », « im Durchschnitt »

– s'asseoir à : « sich setzen hinter + acc. », « sich setzen an + acc. »

– le volant : « das Steuer (-) », mais « die Steuer (n) » signifie « l'impôt ». Noter les pluriels différents des deux substantifs.

– débourser : « hin/legen », « aus/geben (i;a,e) »

– la somme : « die Summe (n) »

– représenter : « betragen (ä;u,a) » pour une somme

– l'année de salaire : « der Jahreslohn (¨e) » ; « le salaire » : « der Lohn (¨e) », « das Gehalt (¨er) »

■ Repères grammaticaux

– la RDA, elle, présentait,… une autre réalisation du socialisme : la Trabant : « Die Deutsche Demokratische Republik ihrerseits stellte… ein anderes Produkt des Sozialismus vor: den Trabant ». Noter le cas de « den Trabant », l'accusatif, car il s'agit d'une apposition au COD « das Produkt » qui le précédait.

– dont le nom : le pronom relatif qui convient ici est « dessen », génitif masculin singulier avec pour antécédent « der Wagen ».

– fut conçue : prétérit passif, « wurde entworfen »

– les survivantes des trois millions de modèles fabriqués jusqu'en 1991 : « die Überlebenden der bis 1991 hergestellten drei Millionen Modelle ». On peut traduire le groupe en créant une qualificative avec un participe passé « hergestellt » qui est décliné au génitif pluriel et placé immédiatement avant le noyau « Modelle ». On place au début de la qualificative l'article au génitif pluriel « der » puis le complément « bis 1991 ». Ou bien on crée plus simplement une subordonnée relative : « die Überlebenden der drei Millionen Modelle, die bis 1991 hergestellt wurden ».

– avant de pouvoir s'asseoir : « bevor man sich hinter sein Steuer setzen konnte ». La conjonction de subordination « bevor » nécessite un sujet « man » et un verbe conjugué « konnte ». Une infinitive est impossible en allemand.

– une somme représentant deux années de salaire d'un ouvrier : « eine Geldsumme, die zwei Jahreslöhne eines Arbeiters darstellte ». Il est nécessaire ici de rendre le participe présent « représentant » par une subordonnée relative. Une qualificative serait inusitée.

Der Trabant ist 50

Vor einem halben Jahrhundert teilte die UdSSR am 4. Oktober 1957 den Start des Sputnik mit. Die Deutsche Demokratische Republik ihrerseits stellte am 7. November desselben Jahres ein anderes Produkt des Sozialismus vor: den Trabant. Weniger markant zwar wurde dieser Wagen, dessen Name, in Anspielung auf das Zeitgeschehen der Zeit « Satellit » bedeutet, im Rahmen des zweiten Fünfjahresplans der DDR entworfen.

In den nächsten Wochen wird dieser Jahrestag die etwa 150 Sammlerklubs mobilisieren, die über ganz Europa verteilt die Überlebenden der bis 1991 hergestellten drei Millionen Modelle pflegen.

Als Spiegel der « Ostalgie » verzeichnet der Trabant seit dem Fall der Berliner Mauer einen großen Erfolg. In Berlin oder Dresden veranstalten Reisebüros Aufenthalte in Hotels, in denen die DDR wiederbelebt wird, einschließlich einer Spazierfahrt im Trabant durch die Stadt.

Für die Ostdeutschen stellte dieses kleine Auto einen Traum dar. Man musste durchschnittlich zwölf Jahre warten, bevor man sich hinter sein Steuer setzen konnte und eine Geldsumme hinlegen, die zwei Jahreslöhne eines Arbeiters betrug.

34 La politique de rigueur de l'Allemagne **

Les uns s'extasient sur son « modèle », les autres brocardent ses « fausses vertus ». L'Allemagne et sa politique économique récoltent tour à tour louanges et griefs. Berlin, de son côté, se pose volontiers en exemple en matière de rigueur budgétaire au moment où le gouvernement doit adopter, mercredi 7 juillet, un ambitieux plan d'assainissement de ses finances publiques.

Le Monde

▶ *Au fil du texte*

■ Repères lexicaux

– « la politique de rigueur » : « die Sparpolitik »

– s'extasier sur : « schwärmen für + acc. », « sich begeistern für + acc. »

– le modèle : « das Vorbild (er) », « das Modell (e) »

– brocarder : « sticheln gegen + acc. »

– la vertu : « die Tugend (en) »

– récolter : « ernten » ; « la récolte » : « die Ernte (n) » (dans un sens concret ou figuré)

– tour à tour : « abwechselnd »

– la louange : « das Lob » (invariable singulier) ; « louer » : « loben »

– le grief : « der Tadel (-) », « die Beschwerde (n) » ; « die Klage (n) »

– de son côté : « seinerseits » car Berlin comme tout nom de ville est neutre

– se poser en exemple : « als Beispiel auf/treten (i;a,e) »

– en matière de : « in Sachen », « betreffend »

– adopter : « an/nehmen (i;a,o) », « sich entscheiden (ie,ie) für + acc. », et uniquement pour un enfant : « ein Kind adoptieren ». Mais ici au sens politique : « einen Plan verabschieden ».

– ambitieux : « ehrgeizig » ; « l'ambition » : « der Ehrgeiz »

– le plan : « der Plan (¨e) » ; « das Projekt (e) »

– l'assainissement : « die Sanierung » ; « assainir » : « sanieren »

– public : « öffentlich » ; « les finances publiques » : « die Staatsfinanzen »

■ Repères grammaticaux

- de l'Allemagne : traduire ce complément de nom par un génitif saxon, « Deutschlands ».

- le gouvernement doit adopter un plan : « die Ratifizierung durch die Regierung steht an ». On ne peut pas traduire « devoir » par « müssen » ou « sollen » car « le gouvernement doit » n'est pas l'expression de l'obligation mais de l'intention. « An/stehen (a,a) » signifie « être inscrit sur l'agenda politique ».

- am Mittwoch, dem 7. Juli : le groupe « dem 7. Juli » est au même cas que « am Mittwoch », le datif étant imposé par la préposition « an » et l'apposition étant au même cas que son antécédent.

❱ *Proposition de traduction*

Die Sparpolitik Deutschlands

Die einen schwärmen für sein « Vorbild », die anderen sticheln gegen seine « falschen Tugenden ». Deutschland und seine Wirtschaftspolitik ernten abwechselnd Lob und Tadel. Berlin seinerseits tritt gern als Beispiel in Sachen Sparpolitik gerade in dem Moment auf, wo, am Mittwoch dem 7. Juli, die Verabschiedung eines ehrgeizigen Sanierungsplans der Staatsfinanzen durch die Regierung ansteht.

35 Les enfants feuillettent un catalogue ***

Avec Laure, je joue à acheter des choses, et ce sont les réclames qui nous donnent les idées. Laure voudrait une bicyclette, une vraie bicyclette peinte à l'émail noir avec de grandes roues munies de pneumatiques et un guidon chromé, comme celles qu'on voit quand on va du côté du Champ-de-Mars, à Port-Louis. Pour moi, il y a plusieurs choses qui me font envie, comme les grands cahiers à dessin, les peintures et les compas du Magasin Wimphen, ou les canifs à douze lames de l'armurerie. Mais il n'y a rien dont j'ai plus envie que la montre de gousset Favre-Leuba importée de Genève. Je la vois toujours au même endroit dans les journaux, à l'avant-dernière page, avec les aiguilles qui marquent la même heure, et la trotteuse des secondes sur midi. Je lis toujours avec le même goût les phrases de la réclame, qui la décrivent « incassable, étanche à l'eau et à l'air, en acier inoxydable, cadran émaillé, merveille de précision, de robustesse, prête à vous servir pour la vie ».

J.M.G. Le Clézio, *Le Chercheur d'or*, NRF, éditions Gallimard, 1985, p. 32-33

▶ *Au fil du texte*

■ Repères lexicaux

– feuilleter : « blättern » ; « la feuille » (d'arbre ou de papier) : « das Blatt (¨er) »
– le catalogue : « der Katalog (e) »
– la réclame, la publicité : « die Werbung », « die Reklame » (les deux en général au singulier)
– donner des idées : « auf Ideen bringen (a,a) », « Ideen ein/geben (i;a,e) »
– vrai, authentique : « richtig », « echt »
– l'émail : « das Email » ; « émaillé » : « emailliert »
– la roue : « das Rad (¨er) »
– muni de : « ausgestattet mit + datif »
– le pneumatique, le pneu : « der Reifen (-) »
– le guidon : « das Lenkrad »
– chromé : « verchromt » ; « le chrome » : « das Chrom »
– du côté de : « in Richtung + gén. »
– pour moi : « was mich betrifft »
– faire envie : « ins Auge stechen (i;a,o) + acc. » ; on peut aussi utiliser dans la traduction « avoir envie de » : « Lust haben auf + acc. » (« ich habe Lust auf verschiedene Dinge »).

- le bloc à dessin : « der Zeichenblock (¨e) »
- la peinture, la couleur : « die Farbe (n) »
- le compas : « der Zirkel (-) »
- le magasin : « das Geschäft (e) »
- le canif : « das Taschenmesser (-) »
- la lame : « die Klinge (n) »
- l'armurerie : « die Waffenhandlung » ; « l'arme » : « die Waffe (n) »
- la montre de gousset : « die Taschenuhr (en) »
- importer de : « importieren aus + datif », ou bien « ein/führen aus + datif » ; « exporter vers » : « exportieren nach + datif », « aus/führen nach + datif »
- Genève : « Genf » ; « le lac Léman » : « der Genfer See »
- au même endroit : « an der gleichen Stelle »
- avant-dernier : « vorletzte »
- l'aiguille : « der Zeiger (-) », mais en couture on dira « die Nadel (n) »
- la même heure : « dieselbe Uhrzeit » (« dieselbe » et non pas « die gleiche » car il y a identité entre les horaires).
- l'heure (indiquée sur la montre) : « die Uhrzeit »
- la trotteuse : « der Sekundenzeiger »
- le même goût : « das gleiche Vergnügen », « die gleiche Freude », « die gleiche Begeisterung » ; ici, le mot « der Geschmack » ne convient pas car il désigne le goût alimentaire ou stylistique.
- la phrase : « der Satz (¨e) »
- incassable : « unzerbrechlich » ; « casser » (pour le verre) : « zerbrechen (i;a,o) »
- étanche à l'eau et à l'air : « wasser- und luftdicht ». Le tiret qui suit le premier terme permet de ne pas répéter « dicht » qui est sous-entendu.
- l'acier : « der Stahl »
- inoxydable : « rostfrei » ; « la rouille » : « der Rost »
- le cadran : « das Ziffernblatt »
- la merveille, le prodige, le miracle : « das Wunder (-) »
- la précision : « die Präzision »
- la robustesse : « die Robustheit » ; « robuste » : « robust »
- prêt à : « dazu da sein, um… zu + infinitf » au sens de « être là pour », mais d'ordinaire « bereit sein zu + datif » lorsqu'un individu est « prêt à faire quelque chose ».
- servir : « dienen + datif »

- **Repères grammaticaux**

  - je joue à acheter : « ich spiele Einkaufen ». L'infinitif est substantivé.
  - avec de grandes roues munies de pneumatiques : à rendre par une qualificative, « mit großen mit Reifen ausgestatteten Rädern ». Veiller à l'ordre exact des mots : « munies de pneumatiques » se place en allemand devant le noyau « roues ». Le participe passé (« ausgestattet ») prend la marque de l'adjectif datif pluriel -*en* suivant la préposition « mit », et précède « Rädern ». Par ailleurs, la succession des deux « mit » est inévitable dans le groupe.
  - plusieurs choses : « einiges ». Il s'agit d'un pronom neutre qui prend la marque -*es*, comme la traduction de « beaucoup de choses » : « vieles ».
  - la montre de gousset Favre-Leuba importée de Genève : qualificative, « die aus Genf importierte Taschenuhr von Favre-Leuba ». On indiquera pour plus de clarté le nom de la marque (« von Favre-Leuba ») non pas avant mais après le substantif « Taschenuhr ».
  - qui la décrivent « incassable... vie » : la description est si longue que l'on placera le verbe « beschreiben » avant la citation.

▶ *Proposition de traduction*

Die Kinder blättern in einem Katalog

Mit Laure spiele ich Sachen Einkaufen, und es ist die Werbung, die uns auf die Ideen bringt. Laure wünscht sich ein Fahrrad, ein richtiges Fahrrad, schwarz emailliert und mit großen mit Reifen ausgestatteten Rädern, und einem verchromten Lenkrad, wie diejenigen, die man sieht, wenn man in Port-Louis in Richtung Champ-de-Mars geht. Was mich betrifft, gibt es verschiedene Dinge, die mir ins Auge stechen, wie die großen Zeichenblöcke, die Farben und die Zirkel des Geschäftes Wimphen, oder die Taschenmesser mit zwölf Klingen der Waffenhandlung. Aber nichts wünsche ich mir mehr als die aus Genf importierte Taschenuhr von Favre-Leuba. Ich sehe sie immer an der gleichen Stelle in den Zeitungen, auf der vorletzten Seite, ihre Zeiger immer auf derselben Uhrzeit und der Sekundenzeiger auf zwölf. Ich lese immer wieder mit dem gleichen Vergnügen die Sätze der Werbung, die sie beschreiben als « unzerbrechlich, wasser- und luftdicht, aus rostfreiem Stahl, mit emailliertem Ziffernblatt, ein Wunder der Präzision, der Robustheit, dazu da, um Ihnen Ihr Leben lang zu dienen ».

36 Un reportage photographique **

– J'ai photographié toutes les plages de l'Oise… L'Isle-Adam, Beaumont, Butry-Plage… Et puis les plages et les stations balnéaires du bord de la Seine : Villennes, Elisabethville…

Apparemment, elle était intriguée par ces stations balnéaires si proches, dont elle ne soupçonnait pas l'existence. Elle me transperçait de son regard clair.

– Mais finalement, l'endroit que je préfère, c'est ici…, lui ai-je dit. C'est tout à fait l'ambiance que je cherchais… Je crois que je vais prendre beaucoup de photos à La Varenne et aux environs…

Elle ne me quittait pas des yeux, comme si elle voulait vérifier que je ne plaisantais pas.

– Vous croyez vraiment que La Varenne est une station balnéaire ? […] Vous habitez Paris ?

– Oui, mais j'ai loué une chambre d'hôtel ici. Il faut au moins que je reste une quinzaine de jours pour faire de bonnes photos.

Patrick Modiano, *Dimanches d'août*, Folio, éditions Gallimard, 1989, p. 152-153 (1986)

▶ *Au fil du texte*

■ Repères lexicaux

– le reportage : « die Reportage (n) », « der Bericht (e) » ; « le reportage photographique » : « der Bildbericht (e) », « die Fotoreportage (n) »

– la plage : « der Strand (¨e) »

– la station balnéaire : « der Badeort (e) »

– le bord, la rive : « das Ufer (-) »

– apparemment : « anscheinend »

– être intrigué par : « verwirrt sein von + datif »

– proche : « nah liegend », à ne pas confondre avec « naheliegend » qui signifie « évident ».

– soupçonner : « vermuten »

– l'existence : « die Existenz »

– transpercer du regard : « mit dem Blick durchbohren » (préposition inséparable)

– le regard : « der Blick (e) »

– l'ambiance : « die Stimmung », « die Atmosphäre »

– prendre des photos : « Aufnahmen machen » ; « la photo », « le cliché » : « das Foto (s) », « die Aufnahme (n) »

- les environs : « die Umgebung » (singulier en allemand)
- quitter des yeux : « aus den Augen lassen (ä;ie,a) »
- vérifier : « (nach/)prüfen »
- plaisanter : « scherzen », « spaßen » ; « la plaisanterie » : « der Spaß (¨e) », « der Scherz (e) », « der Witz (e) »
- louer : « vermieten » pour le propriétaire qui loue son bien, mais « mieten » pour le locataire qui paye un loyer (« die Miete »).
- au moins : « zumindest », « mindestens »
- une quinzaine de jours : « vierzehn Tage » en allemand, et non « fünfzehn »

■ **Repères grammaticaux**

- ces stations balnéaires si proches, dont elle ne soupçonnait pas l'existence : « diese so nah liegenden Badeorte, deren Existenz sie nicht einmal vermutet hatte ». Le pronom relatif a pour antécédent le pluriel « Badeorte » et est au génitif car il est complément du nom « Existenz ». L'auxiliaire « hatte » est en dernière place dans la subordonnée relative. Par ailleurs, on utilise en allemand un plus-que-parfait et non un prétérit dans la subordonnée après une principale au prétérit.
- comme si elle voulait vérifier : « als wolle sie nachprüfen ». La conjonction « als ob » (« comme si ») est suivie d'un verbe au subjonctif II, « wollte » ou du subjonctif I (« wolle »). Dans les deux cas, il est possible, dans une langue plus relevée, de supprimer « ob » et de placer le verbe immédiatement après « als » (« als wollte / als wolle sie »).

▶ *Proposition de traduction*

Eine Fotoreportage

« Ich habe alle Strände an der Oise fotografiert... L'Isle-Adam, Beaumont, Butry-Plage... Und dann die Strände sowie die Badeorte am Ufer der Seine: Villennes, Elisabethville... »
Anscheinend war sie verwirrt von diesen so nah liegenden Badeorten, deren Existenz sie nicht einmal vermutet hatte. Sie durchbohrte mich mit ihrem hellen Blick.
« Aber schließlich ist mein Lieblingsort hier..., habe ich ihr gesagt. Das ist genau die Stimmung, die ich suchte... Ich glaube, ich werde in La Varenne und seiner Umgebung viele Aufnahmen machen... »
Sie ließ mich nicht aus den Augen, als wolle sie prüfen, dass ich nicht scherzte.
« Glauben Sie wirklich, dass La Varenne ein Badeort ist? » [...] Wohnen Sie in Paris? »
« Ja, aber ich habe ein Hotelzimmer hier gemietet. Ich muss zumindest vierzehn Tage bleiben, um gute Fotos zu machen. »

37 | La maison passive ***

Le concept de maison passive est né en Allemagne au sein de l'Institut habitat et environnement de Darmstadt. La maison passive est une maison à très faible consommation énergétique. Elle offre toute l'année une température ambiante agréable. Ce type de construction dérive du développement des maisons à basse consommation d'énergie. Dans la pratique, une maison passive est un bâtiment qui est pratiquement autonome pour ses besoins en chauffage. Elle se contente des apports solaires, des apports métaboliques (habitants, machines) et d'une bonne isolation. Une norme allemande a été créée à l'issue des premiers essais en grandeur réelle. Le principal avantage de la maison passive est de proposer une forte diminution des coûts de chauffage. Moins consommer d'énergie permet aussi logiquement de moins polluer.

http//:www.conso-ecole.fr/maison-passive.php (abrégé)

▶ *Au fil du texte*

■ Repères lexicaux

– passif : « passiv » ; « actif » : « aktiv ». Les substantifs correspondants sont « die Passivität » et « die Aktivität ».

– le concept : « das Konzept (e) »

– est né : « ist entstanden ». L'infinitif du verbe est « entstehen (a,a) ».

– l'institut : « das Institut (e) » est souvent suivi de la préposition « für + acc. » (« das Institut für Zeitgeschichte »), bien que ce ne soit pas le cas dans cet article.

– l'environnement : « die Umwelt »

– la consommation : « der Verbrauch » (pour l'énergie et les matières premières), « der Konsum » (souvent en économie, mais convient également pour l'énergie, on parle ainsi d'« Energiekonsum » – mais par contre de « Ölverbrauch » !).

– toute l'année : « das ganze Jahr hindurch », « das ganze Jahr über », « das ganze Jahr »

– la température ambiante : « die Innentemperatur »

– le type : « der Typ (en) » (qui signifie également en langage familier « l'homme »), « die Art (en) » au sens de « le genre ».

– la construction, le bâtiment : « das Gebäude (-) »

– dériver de : « ab/leiten von + datif »

– la maison à basse consommation d'énergie : « das Niedrigenergiehaus (¨er) »

– dans la pratique, en pratique : « in der Praxis » ; « en théorie » : « in der Theorie » ; « la pratique » : « die Praxis » ; « pratique » : « praktisch »

- le besoin en : « das Bedürfnis (se) an + datif »
- le chauffage : « die Heizung (en) » ; « chauffer » : « heizen »
- se contenter de : « aus/kommen mit + datif » ; « se contenter de », « se satisfaire de » : « sich zufrieden geben mit + datif » ne convient que pour une personne (« er gibt sich mit wenig zufrieden » : « il se contente de peu »).
- l'apport : « der Beitrag (¨e) » ; : « le métabolisme » : « der Stoffwechsel » ; « l'apport métabolique » : « der Stoffwechselbeitrag »
- l'isolation : « die Isolierung »
- la norme : « die Norm ». L'abréviation « DIN » qui signifie « Deutsche Industrienorm » est le pendant de Norme française (« NF »).
- créer : « schaffen (a;u,a) »
- en grandeur réelle : « im Maßstab eins zu eins », « vollmaßstäblich », « im natür-lichen Maßstab » ; pour un individu, « en taille réelle » : « in Lebensgröße », « in natürlicher Größe ».
- principal : « Haupt- » est accolé au nom qu'il détermine (« das Hauptgebäude »).
- l'avantage : « der Vorteil (e) »
- proposer : ici non pas au sens de « faire une proposition » (« einen Vorschlag machen ») mais « d'entraîner » : « mit sich bringen (a,a) ».
- la diminution des coûts : « die Kosteneinsparung (en) », « das Sinken der Kosten »
- permettre de : « erlauben zu + infinitif »
- logiquement : « logischerweise », « konsequenterweise »
- polluer : « verschmutzen » ; « la pollution » : « die Verschmutzung »

■ **Repères grammaticaux**

- de Darmstadt : « Darmstädter ». On peut dériver tous les noms de ville en ajoutant la terminaison -er (« das Berliner Leben » : « la vie berlinoise ») mais il existe des particularités orthographiques comme par exemple dans l'adjectif « Hanoveraner » dérivé de « Hanover ». Les noms de villes qui se terminent par -en perdent ainsi leur -e dans l'adjectif dérivé : « Aachen » / « Aachner » (« de Aix-la-Chapelle ») ; « Dresden » / « Dresdner » (« de Dresde ») ; « München » / « Münchner » (« de Munich »).
- Moins consommer d'énergie permet aussi logiquement de moins polluer : le groupe sujet est un infinitif où le « zu » est indispensable (« Energie zu verbrauchen »). On trouve une subordonnée infinitive dans la deuxième partie de la phrase après « permet de » : « erlaubt, weniger zu verschmutzen ». Mais il est également possible de traduire la phrase sans infinitifs mais en utilisant des substantifs : « Ein geringerer Energieverbrauch führt logischerweise auch zu einer Verringerung der Verschmutzung ».

▶ *Proposition de traduction*

Das Passivhaus

Das Konzept des Passivhauses ist in Deutschland im Darmstädter Institut Wohnen und Umwelt entstanden. Das Passivhaus ist ein Haus mit einem sehr niedrigen Energieverbrauch. Es bietet das ganze Jahr hindurch eine angenehme Innentemperatur. Dieser Gebäudetyp ist von der Entwicklung der Niedrigenergiehäuser abgeleitet. In der Praxis ist ein Passivhaus ein Gebäude, das bezüglich seiner Heizbedürfnisse praktisch autonom ist. Es kommt mit dem Energiebeitrag der Sonne, dem Stoffwechselbeitrag (der Bewohner, der Maschinen) und mit einer guten Isolierung aus. Eine deutsche Norm wurde nach den ersten Tests im Maßstab eins zu eins geschaffen. Der Hauptvorteil des Passivhauses besteht darin, dass es eine beträchtliche Heizkosteneinsparung mit sich bringt. Weniger Energie zu verbrauchen erlaubt es logischerweise auch, weniger zu verschmutzen.

38 L'économie **

1. Beaucoup de jeunes salariés se demandent qui va payer leur retraite un jour.
2. Elle aurait dû dépenser tout son argent avant la crise boursière au lieu de le placer à la banque.
3. Malheureusement, le banquier ne veut pas leur prêter l'argent dont ils ont un besoin urgent.
4. Une dizaine de chômeurs ont été embauchés par le service du personnel le mois dernier.
5. Bien que notre entreprise ait enregistré des profits, elle va délocaliser sa production en Turquie.
6. Avant de créer sa propre entreprise, il a été au chômage pendant six mois.
7. L'économie sociale de marché, dont les Allemands sont si fiers, est actuellement en crise.
8. Comme la croissance ralentit, les gens ont l'impression que leur pouvoir d'achat baisse.
9. Le produit intérieur brut est plus élevé en Suisse qu'en France.
10. Le principe du libre-échange n'a pas toujours été respecté par les États-Unis.

❯ *Proposition de traduction*

1. Viele junge Arbeitnehmer fragen sich, wer eines Tages ihre Rente bezahlen wird.
2. Sie hätte vor der Börsenkrise ihr ganzes Geld ausgeben sollen, anstatt es bei der Bank anzulegen.
3. Leider will ihnen der Bankier das Geld, das sie dringend brauchen, nicht leihen.
4. Ungefähr zehn Arbeitslose wurden letzten Monat durch die Personalabteilung eingestellt.
5. Obwohl unsere Firma Profite erzielt hat, wird sie ihre Produktion in die Türkei auslagern.
6. Bevor er sein eigenes Unternehmen gegründet hat, war er sechs Monate lang arbeitslos.
7. Die soziale Marktwirtschaft, auf die die Deutschen so stolz sind, steckt zurzeit in der Krise.
8. Da das Wachstum sich verlangsamt, haben die Menschen den Eindruck, dass ihre Kaufkraft sinkt.
9. Das Bruttoinlandsprodukt ist in der Schweiz höher als in Frankreich.
10. Das Prinzip des freien Handels wurde von den Vereinigten Staaten nicht immer beachtet.

39 Le discours **

> Vers dix heures, le Président l'a appelée.
>
> – Asseyez-vous. Je dicte.
>
> Il s'agit d'un discours. Probablement le discours pour le prochain meeting. Pour le début, le Président doit y avoir déjà pensé. Les premières phrases viennent toutes seules. Puis il se lève. Il marche de long en large, va jusqu'à la fenêtre, écarte un des rideaux, a l'air de s'intéresser à ce qui se passe dans la cour, revient vers Alice, la regarde dans les yeux comme s'il pouvait y puiser une inspiration (mais le regard ne regarde pas vraiment), s'assied, se relève, s'arrête au milieu d'une phrase, redit quelque chose qu'il vient de dire mais autrement. Alice commence à voir l'articulation du discours. Sous cet apparent désordre, les thèmes, peu à peu, apparaissent. Le chômage, l'impôt sur le revenu, la taxe professionnelle, la politique du gouvernement au Moyen-Orient, les agriculteurs, les technocrates, les sans-papiers.
>
> Félicien Marceau, *L'Affiche*, NRF, éditions Gallimard, 2000, p. 92

❱ Au fil du texte

■ Repères lexicaux

- le discours : « die Rede (n) »
- vers 10 heures : « gegen zehn Uhr »
- dicter : « diktieren » ; « la dictée » : « das Diktat », terme allemand qui existe du reste en français au sens de « décision imposée par la politique internationale ».
- le meeting : « das Meeting (s) », « die Versammlung (en) »
- la phrase : « der Satz (¨e) »
- venir tout seul : « von selbst kommen »
- se lever : « auf/stehen (a,a) », qui est un verbe non réfléchi en allemand.
- marcher de long en large : « auf und ab gehen », « hin und her gehen »
- écarter : « öffnen », « zur Seite schieben (o,o) »
- le rideau : « der Vorhang (¨e) », « die Gardine (n) »
- se passer, se dérouler : « sich ab/spielen »
- la cour : « der Hof (¨e) »
- l'œil : « das Auge (n) »
- puiser : « schöpfen »
- l'inspiration : « die Inspiration » ; « inspirer » : « inspirieren »
- le regard : « der Blick (e) »

– s'arrêter, s'interrompre : « sich unterbrechen (i;a,o) »

– au milieu de : « mitten in + datif »

– autrement : « anders »

– commencer à voir, distinguer : « erkennen (a,a) », « allmählich unterscheiden (ie,ie) ». On peut également traduire avec la tournure « etwas wird jemandem (datif) klar » : « Die Struktur der Rede wird Alice allmählich klar ».

– l'articulation, la structure : « die Struktur (en) »

– apparent : « Schein- », « scheinbar »

– le désordre : « die Unordnung », « das Chaos » ; « le désordre apparent » : « die scheinbare Unordung », « das scheinbare Chaos »

– peu à peu : « schrittweise », « allmählich »

– apparaître : « zum Vorschein kommen »

– le chômage : « die Arbeitslosigkeit »

– l'impôt : « die Steuer (n) », mais « das Steuer (-) » signifie « le volant »

– le revenu : « das Einkommen (-) » ; « l'impôt sur le revenu » : « die Einkommenssteuer »

– la taxe professionnelle : « die Gewerbesteuer (n) »

– le Moyen-Orient : « der Nahe Osten » ; « l'Extrême-Orient » : « Fernost » (sans article) ou « der Ferne Osten »

– l'agriculteur : « der Landwirt (e) », « der Bauer (n,n) »

– le technocrate : « der Technokrat (en,en) »

– le sans-papiers : « der Ausländer (-) ohne Papiere ». Il n'y a pas de substantif correspondant plus directement au français.

■ Repères grammaticaux

– Asseyez-vous (impératif à la forme de politesse) : « Setzen Sie sich ». Le verbe « s'asseoir », que l'on trouve également quelques lignes plus loin (« s'assied ») se traduit par « sich setzen », verbe régulier, alors que « sitzen (a,e) », « être assis », est irrégulier.

– (Il) doit y penser : « (er) muss darüber nachdenken ». Il s'agit non pas d'une obligation, mais d'une possibilité qui est rendue en allemand comme en français par l'auxiliaire « müssen ».

– y penser : « darüber nachdenken ». Le pronom de reprise « y » correspondant à la préposition « über » est « darüber ».

– l'un des rideaux : « einen der Vorhänge ». Le pronom indéfini « einer » est ici à l'accusatif (« einen »).

– comme s'il pouvait y puiser : « als ob er daraus Inspiration schöpfen könnte ». La conjonction de subordination « als ob » est suivie du subjonctif II (« könnte »).

Die Rede

Gegen zehn Uhr hat sie der Präsident gerufen.

« Setzen Sie sich. Ich diktiere. »

Es handelt sich um eine Rede. Wahrscheinlich um die Rede für die nächste Versammlung. Was den Anfang betrifft, muss der Präsident schon darüber nachgedacht haben. Die ersten Sätze kommen von selbst. Dann steht er auf. Er geht auf und ab, bis zum Fenster, schiebt einen der Vorhänge zurück, scheint Interesse an dem, was sich im Hof abspielt, zu finden, kommt zu Alice zurück, schaut ihr in die Augen, als ob er daraus Inspiration schöpfen könnte (aber der Blick sieht nicht wirklich), setzt sich, steht wieder auf, unterbricht sich mitten in einem Satz, wiederholt etwas, was er gerade gesagt hat, aber anders. Alice erkennt allmählich die Struktur der Rede. Unter dieser scheinbaren Unordnung kommen schrittweise die Themen zum Vorschein. Die Arbeitslosigkeit, die Einkommenssteuer, die Gewerbesteuer, die Nahostpolitik der Regierung, die Landwirte, die Technokraten, die Ausländer ohne Papiere.

40 L'Allemagne nouvelle puissance ***

Il y a vingt ans naissait l'Allemagne unie que nous connaissons en ce début de XXIe siècle, après l'adoption du traité d'unification du 31 août 1990, la signature du traité de Moscou du 12 septembre suivant qui rendait à l'Allemagne « la pleine souveraineté sur ses affaires intérieures et extérieures » et, dernière étape, l'adhésion effective de l'Allemagne de l'Est à la République fédérale le 3 octobre 1990. Cette Allemagne constituait une nouvelle donne dans l'histoire européenne, car ce n'était ni l'Allemagne de l'empire de 1871 ni celle des frontières de 1937, encore moins celle du traité de Vienne de 1815.

Le Monde

▶ Au fil du texte

■ Repères lexicaux

- la puissance : « die Macht (¨e) »
- il y a (temporel) : « vor + datif »
- naître : « geboren werden », « zur Welt kommen (a,o) »
- uni : « vereinigt »
- le siècle : « das Jahrhundert (e) »
- l'adoption : « die Ratifizierung » (pour une loi ou un traité) ; « adopter » (une loi), « ratifier » : « ratifizieren », ou moins spécifique « verabschieden ». Mais « l'adoption d'un enfant » se dira « die Adoption ».
- le traité : « der Vertrag (¨e) » ; « l'unification » : « die Einigung », « die Vereinigung ». « Die Einigung » a également le sens de « l'accord » ; « se mettre d'accord sur » : « sich einigen auf + acc. »
- le traité d'unification : « der Einigungsvertrag », qui fut signé le 31 août 1990, puis ratifié par les parlements des deux Allemagne en septembre.
- la signature officielle : « die Unterzeichnung » ; « signer » : « unterzeichnen ». En général, « la signature » se dit « die Unterschrift (en) »
- Moscou : « Moskau »
- le traité de Moscou : « der Moskauer Vertrag », appelé également « traité 2 + 4 » (« der Zwei-plus-Vier-Vertrag ») car il a été signé en septembre 1990 par les deux Allemagne et les Alliés. C'est dans ce traité que les Allemands renoncent à l'arme nucléaire et reconnaissent les frontières de leur état comme intangibles.
- suivant : ici « darauffolgend », et non pas « nächste » (« nächsten Montag » : « lundi prochain »).
- rendre à : « zurück/geben (i;a,e) »

- plein : « voll »
- la souveraineté : « die Souveränität »
- les affaires intérieures et extérieures : « die inneren und äußeren Angelegenheiten »
- l'étape : « der Schritt (e) », « die Etappe (n) »
- l'adhésion : « der Beitritt (e) ». Il est préférable en allemand de répéter pour plus de clarté la préposition « nach » sous-entendue en français (il faut comprendre « après l'adoption », « après l'adhésion »).
- effectif : « effektiv »
- l'Allemagne de l'Est : « Ostdeutschland »
- la République fédérale : « die Bundesrepublik »
- constituer une nouvelle donne : « die Karten neu mischen »
- européen : « europäisch » ; « l'Europe » : « Europa »
- ni... ni : « weder... noch »
- l'empire : « das Kaiserreich (e) »
- la frontière : « die Grenze (n) »
- encore moins : « noch weniger »
- le traité de Vienne : « der Wiener Vertrag » qui résulte du Congrès de Vienne (« der Wiener Kongress ») a scellé la défaite de Napoléon en 1815 et la victoire de la coalition composée des Autrichiens, des Prussiens, des Russes, des Anglais. L'Allemagne ne compte ensuite plus que 39 États au lieu de 350.

■ **Repères grammaticaux**

- Deutschland : est un nom de pays qui n'est pas précédé d'article, mais qui est neutre lorsqu'il est précédé par un article (« das vereinigte Deutschland », « mit diesem Deutschland ») ou repris par un pronom (« es », « das der Grenzen », « das des Wiener Vertrags ») ou même un relatif (pas d'occurrence dans le texte, citons pour mémoire un exemple, « das Deutschland, das du kennst » : « l'Allemagne que tu connais »).

▶ *Proposition de traduction*

Deutschland, die neue Macht

Vor zwanzig Jahren wurde das vereinigte Deutschland geboren, wie wir es am Anfang dieses XXI. Jahrhunderts kennen, nach der Ratifizierung des Einigungsvertrags vom 31. August 1990, der Unterzeichnung des Moskauer Vertrags vom darauffolgenden 12. September, der Deutschland « seine volle Souveränität über die inneren und äußeren Angelegenheiten » zurückgab, und, als letzter Schritt, nach dem effektiven Beitritt Ostdeutschlands zur Bundesrepublik am 3. Oktober 1990. Mit diesem Deutschland waren die europäischen Karten neu gemischt, denn es war weder das Deutschland des Kaiserreichs von 1871 noch das der Grenzen von 1937, noch weniger das des Wiener Vertrags von 1815.

41 À la recherche d'une libraire **

« Vous connaissez la librairie Ladijnikov ? »

Il lui avait posé la question en anglais.

« Oui, très bien.

– C'est une femme qui tient la librairie ?

– Oui. Je crois qu'elle est d'origine française. Elle parle allemand avec un très léger accent français. À moins qu'elle ne soit russe...

– Vous êtes l'un de ses clients ?

– Depuis deux ans. Elle avait repris l'ancienne librairie russe, du côté de Savignyplatz. Puis elle est venue ici. [...] Elle a gardé le nom de l'ancienne librairie russe, celle d'avant guerre. »

Lui-même était américain, mais il vivait depuis quelques années à Berlin, pas très loin d'ici, dans les parages de la Dieffenbachstrasse.

« Elle a toujours des livres et des documents très intéressants sur Berlin. [...]

– Elle est mariée ?

– Non, je crois qu'elle vit seule. »

Patrick Modiano, *L'Horizon*, NRF, édition Gallimard, 2010, p. 169-170

> ▶ *Au fil du texte*

- ■ Repères lexicaux

  - à la recherche de : « auf der Suche nach + datif ». Le titre du roman de Proust *À la recherche du temps perdu* est traduit en allemand par *Auf der Suche nach der verlorenen Zeit.*

  - la libraire : « die Buchhändlerin (nen) » ; « le libraire » : « der Buchhändler (-) » ; « la librairie » : « die Buchhandlung (en) »

  - lui : si on lit plus loin le texte, on constate que l'interlocuteur est masculin, donc pronom « ihm ».

  - tenir (un commerce) : « führen »

  - être d'origine française : « französischer Herkunft sein ». Bien noter le génitif féminin de « französischer » ; « l'origine » : « die Herkunft ».

  - l'accent : « der Akzent (e) »

  - à moins que : « es sei denn, dass... » + verbe à l'indicatif (« ist »), ou « es sei denn », + sujet + verbe au subjonctif I (« sei ») ou à l'indicatif (« ist »).

  - le client : « der Kunde (n,n) » ; « la clientèle » : « die Kundschaft »

  - reprendre : « über/nehmen (i;a,o) »

  - du côté de, dans les parages de : « in der Nähe von + datif », « bei + datif »

- garder : « bei/behalten (ä;ie,a) » (au sens de « conserver son nom »), mais en général « garder » : « behalten (ä;ie,a) ».
- l'ancienne librairie : non pas « alte Buchhandlung » mais « ehemalige / frühere Buchhandlung », au sens de « précédente », « qui a disparu ».
- dans les parages de : « unweit von + datif », « in der Nähe von + datif », « im Umkreis + génitif »
- être marié : « verheiratet sein mit + datif » ; « épouser » : « heiraten + acc. » ; « le mariage » : « die Hochzeit (en) » ; « la mariée » : « die Braut » ; « le marié » : « der Bräutigam » ; « les mariés » : « das Brautpaar ».

■ **Repères grammaticaux**

- celle d'avant guerre : « der aus der Vorkriegszeit ». Le pronom reprend ici son antécédent, un féminin singulier (« die Buchhandlung »), et se met au même cas que lui dans une apposition (ici un génitif).

▶ *Proposition de traduction*

Auf der Suche nach einer Buchhändlerin

« Kennen Sie die Buchhandlung Ladijnikov? »
Er hatte ihm die Frage auf Englisch gestellt.
« Ja, sehr gut. »
« Ist es eine Frau, die die Buchhandlung führt? »
« Ja. Ich glaube, sie ist französischer Herkunft. Sie spricht Deutsch mit einem ganz leichten französischen Akzent. Es sei denn, sie ist Russin... »
« Sind Sie einer ihrer Kunden? »
« Seit zwei Jahren. Sie hatte die ehemalige russische Buchhandlung in der Nähe des Savignyplatzes übernommen. Dann ist sie hierher gezogen. [...] Sie hat den Namen der ehemaligen russischen Buchhandlung beibehalten, der aus der Vorkriegszeit. »
Er selbst war Amerikaner, aber er lebte seit einigen Jahren in Berlin, nicht sehr weit von hier, unweit der Dieffenbachstrasse.
« Sie hat immer sehr interessante Bücher und Dokumente über Berlin. » [...]
« Ist sie verheiratet? »
« Nein, ich glaube, sie lebt allein. »

42 L'accident de Tchernobyl ***

Toute l'Allemagne était rivée à ses compteurs Geiger, occupée à supputer le nombre de becquerels. De l'autre côté de la frontière, où les autorités françaises n'avaient même pas jugé utile d'avertir les populations d'un possible danger, les médias n'avaient pas cherché à approfondir l'information. Les ménages français de Lorraine mangèrent leurs salades avec autant de bonne conscience que, de l'autre côté de la frontière, on en mettait à les détruire. Au bout du compte, les Français constatèrent un peu plus tard des retombées sur les champs de lavande du Sud. L'Allemagne, elle, échappa au nuage, mais garda l'idée qu'il faudrait un jour se débarrasser de ses centrales. La décision officielle en fut prise vingt ans plus tard, sous forme d'un accord entre le gouvernement et les producteurs d'électricité sur la fermeture progressive des réacteurs. Pendant ce temps, EDF vend son électricité nucléaire dans toute l'Europe, y compris en Allemagne.

D'après Henri de Bresson, *La Nouvelle Allemagne*, Stock, 2001

▶ *Au fil du texte*

■ Repères lexicaux

– l'accident : « der Unfall (¨e) » ; « l'incident » : « der Zwischenfall (¨e) »
– Tchernobyl : « Tschernobyl »
– toute l'Allemagne : « ganz Deutschland »
– être rivé à : « starren auf + acc. »
– le compteur Geiger : « der Geigerzähler », instrument de mesure de la radio-activité, qui porte le nom de son inventeur allemand, le physicien Hans Geiger (1882-1945).
– être occupé à : « beschäftigt sein mit + datif »
– supputer : « sich den Kopf zerbrechen (i;a,o) über + acc. »
– le becquerel : « das Becquerel »
– les autorités : « die Behörden », au singulier « die Behörde » signifie « l'administration » comme « die Verwaltung ».
– même pas : « nicht einmal »
– juger utile de : « etwas für nötig halten (ä;ie,a) »
– avertir (d'un danger) : « über eine Gefahr auf/klären »
– approfondir : « genauer informieren über + acc. » ; « approfondir des connais-sances » : « ein Thema vertiefen »
– le ménage : « die Familie (n) », « der Haushalt (e) »

- la Lorraine : « Lothringen » ; « l'Alsace » : « das Elsass », nom précédé d'un article.
- la salade : « der Salat » mais au pluriel « die Salatköpfe »
- la bonne conscience : « das reine / gute Gewissen »
- détruire : « vernichten » (« zerstören » est utilisé pour un bâtiment mais pas pour de la nourriture).
- au bout du compte : « schließlich », « letzten Endes »
- constater : « fest/stellen » ; « la constatation » : « die Feststellung (en) »
- la retombée (radioactive) : « die (radioaktiven) Niederschläge » (au pluriel)
- le champ de lavande : « das Lavendelfeld (er) » ; « la lavande » : « der Lavendel » prend un -e en allemand, alors que le mot français a conservé le -a du latin (« lavandula »).
- l'Allemagne, elle : « Was Deutschland betrifft »
- échapper à : « verschont werden von + datif ». En réalité, l'Allemagne n'a pas été épargnée par le nuage radioactif, qui a contaminé davantage le sud que le nord du pays.
- le nuage : « die Wolke (n) »
- garder l'idée : « die Vorstellung zurück/behalten (ä;ie,a) »
- un jour : « eines Tages »
- se débarrasser de : « sich einer Sache (génitif) entledigen »
- la centrale (nucléaire) : « das Kernkraftwerk (e) »
- prendre une décision : « einen Entschluß fassen »
- sous forme de : « in Form + génitif »
- l'accord, la convention : « das Abkommen (-) »
- le producteur : « der Produzent (en,en) »
- la fermeture : « die Schließung (en) »
- progressif : « allmählich » est à la fois un adverbe (« petit à petit ») et un adjectif.
- le réacteur : « der Reaktor (en) »
- pendant ce temps : « währenddessen »
- l'électricité nucléaire : « die Kernenergie », non pas « die Kernelektrizität ». L'adjectif nucléaire se traduit par le suffixe « Kern- » ou bien par « nuklear » que l'on trouve également sous forme de suffixe dans « die Nuklearmedizin ».
- vendre dans, vers (un autre pays) : « verkaufen nach »
- y compris en Allemagne : « Deutschland eingeschlossen », « einschließlich Deutschlands » (« einschließlich » est suivi du génitif).

■ **Repères grammaticaux**

- il faudrait se débarrasser : il s'agit d'un futur du discours indirect à rendre par le subjonctif I (« werde entledigen müssen »). L'auxiliaire conjugué (« werde ») se place avant le double infinitif.

▶ *Proposition de traduction*

Der Unfall in Tschernobyl

Ganz Deutschland starrte auf seine Geigerzähler und war damit beschäftigt, sich den Kopf über die Zahl der Becquerel zu zerbrechen. Auf der anderen Seite der Grenze, wo die französischen Behörden es nicht einmal für nötig gehalten hatten, die Bevölkerung über eine mögliche Gefahr aufzuklären, hatten die Medien nicht versucht, sich genauer zu informieren. Die französischen Familien in Lothringen aßen ihre Salatköpfe mit dem gleichen guten Gewissen, mit dem man sie auf der anderen Seite der Grenze vernichtete. Schließlich stellten die Franzosen etwas später radioaktive Niederschläge auf den Lavendelfeldern im Süden fest. Was Deutschland betrifft, so wurde es von der Wolke verschont, behielt aber die Vorstellung zurück, dass es sich eines Tages seiner Atomkraftwerke werde entledigen müssen. Der offizielle Entschluss darüber wurde 20 Jahre später gefasst, in Form eines Abkommens zwischen Regierung und Elektrizitätsproduzenten über die schrittweise Schließung der Reaktoren. Währenddessen verkauft EDF seine Kernenergie nach ganz Europa, Deutschland eingeschlossen.

43 | L'humanité perd la mémoire *

Les techniques numériques sont idéales pour stocker l'information. Il n'est donc pas étonnant que la mémoire de l'humanité soit devenue de plus en plus numérique, qu'elle concerne l'information administrative, artistique, médicale, scientifique. Et pourtant, le numérique est un colosse à la mémoire d'argile : il oublie l'information avec une rapidité insoupçonnée de la plupart de nos contemporains. Aucune raison fondamentale à cela, si ce n'est la négligence de notre société à développer des technologies adaptées.

Le Monde

▶ *Au fil du texte*

■ Repères lexicaux

- l'humanité : « die Menschheit »
- la mémoire : « das Gedächtnis »
- numérique : « digital »
- idéal : « ideal » ; « l'idéal » : « das Ideal »
- stocker : « speichern » (des données) ; « lagern » (de la marchandise)
- il n'est pas étonnant que : « es ist nicht erstaunlich, wenn »
- qu'elle concerne... : « ob es... betrifft ». Il est utile de mémoriser l'expression « que... ou bien que... » : « ob... verbe, oder ob... verbe »
- l'information administrative... : ici à rendre plutôt par un pluriel, « die administrativen Informationen »
- administratif : « administrativ » ; « l'administration » : « die Behörde » (sing. invariable)
- le numérique : « die Digitaltechniken », mot pluriel qui est donc repris par le pronom « sie » dans la phrase suivante.
- un colosse : « der Koloss (e) », « der Gigant (en,en) »
- l'argile : « der Ton » ; « d'argile » : « tönern », « aus Ton ». Pour « le colosse aux pieds d'argile », il s'agit d'une évocation empruntée à l'Ancien Testament (livre de Daniel). Il faut traduire par l'expression idiomatique allemande : « der Koloss auf tönernen Füßen ».
- la rapidité : « die Schnelligkeit »
- insoupçonné : « ungeahnt », « unvermutet » ; « soupçonner » : « ahnen von + datif », « ahnen + acc. », « vermuten », « sich vor/stellen », ou plus élégant « sich etwas träumen lassen »

– la plupart : « die meisten » (suivi d'un substantif), ou « die Mehrzahl » suivi du complément au génitif.

– le contemporain : « der Mitbürger (-) », « der Zeitgenosse (n,n) » (masculin faible), « die Mitmenschen » (pluriel)

– fondamental : « grundlegend », ici plutôt « wirklich »

– si ce n'est : « außer + datif »

– la négligence : deux traductions possibles, soit « die Nachlässigkeit », soit « die Fahrlässigkeit » ; « négliger » : « vernachlässigen » ; « la négligence dans » : « die Nachlässigkeit in + datif »

– adaptées : « angemessen », « angebracht », « adäquat », , « geeignet » ; « adapter » : « an/passen + datif » ; « s'adapter à » : « sich an/passen + datif » ou « sich an/passen an + acc. »

- **Repères grammaticaux**

– avec une rapidité insoupçonnée de la plupart de nos contemporains : peut-être rendu par une subordonnée relative (« mit einer Schnelligkeit, die sich die Mehrzahl unserer Mitbürger nicht träumen lässt » / « mit einer Schnelligkeit, von der die meisten unserer Mitbürger nichts ahnen ») ou bien par une qualificative (« mit einer von den meisten unserer Mitbürger ungeahnten / unvermuteten Schnelligkeit »).

▶ *Proposition de traduction*

Die Menschheit verliert das Gedächtnis

Die digitalen Techniken sind ideal, um Information zu speichern. Es ist also nicht erstaunlich, dass das Gedächtnis der Menschheit immer digitaler geworden ist, ob es die administrativen, die künstlerischen, die medizinischen, die wissenschaftlichen Informationen betrifft. Und dennoch sind die Digitaltechniken ein Koloss mit tönernem Gedächtnis: Sie vergessen die Informationen mit einer Schnelligkeit, die sich die Mehrzahl unserer Zeitgenossen nicht träumen lässt. Es gibt dafür keinerlei wirklichen Grund, außer der Nachlässigkeit unserer Gesellschaft darin, angemessene Technologien zu entwickeln.

44 Le commerce **

1. Il s'est acheté avant-hier un nouveau téléviseur dont il est très fier.
2. Et vous, aimeriez-vous travailler le week-end pour pouvoir gagner plus à la fin du mois ?
3. À Noël, de nombreux consommateurs allemands achètent des articles dont ils n'ont pas vraiment besoin.
4. Comme ce commerçant craignait la faillite, il a cessé d'investir.
5. La marchandise se vend d'autant mieux que les prix ont baissé.
6. Le commerce avec la Suisse est effectivement en plein essor depuis que l'Union européenne existe.
7. Le boulanger explique que les ventes ont augmenté de 17 % en l'espace de deux ans.
8. Ils ont réussi à livrer les fruits et les légumes avant midi.
9. Il serait dommage de renoncer aux produits bio parce qu'ils sont plus chers que les autres.
10. Quand le boucher a ouvert son magasin, il ne savait pas si la clientèle serait nombreuse ou pas.

▶ *Proposition de traduction*

1. Er hat sich vorgestern einen neuen Fernseher gekauft, auf den er sehr stolz ist.
2. Und Sie, möchten Sie am Wochenende arbeiten, um am Monatsende mehr zu verdienen?
3. Zu Weihnachten kaufen zahlreiche deutsche Verbraucher Artikel, die sie nicht wirklich brauchen.
4. Da dieser Händler die Pleite fürchtete, hat er aufgehört zu investieren.
5. Die Ware verkauft sich um so besser, als die Preise gesunken sind.
6. Der Handel mit der Schweiz ist tatsächlich in vollem Aufschwung, seitdem die Europäische Union besteht.
7. Der Bäcker erklärt, der Verkauf sei innerhalb von zwei Jahren um 17% gestiegen.
8. Sie haben es geschafft, das Obst und das Gemüse vor Mittag zu liefern.
9. Es wäre schade, auf die Bioprodukte zu verzichten, weil sie teurer sind als die anderen.
10. Als der Metzger / Fleischer seinen Laden eröffnet hat, wusste er nicht, ob die Kundschaft zahlreich sein würde, oder nicht.

45 La rencontre *

[Sujet HEC – CCIP LV2 1999]

– Je m'appelle Nicolas Cossy.

– J'aurais dû attendre que ma mère soit là pour vous adresser la parole. Mon nom est Nadia.

– Êtes-vous russe ?

– Un peu. Et vous ? Suisse ? Allemand ? Anglais ?

– Plutôt suisse, dit-il.

– Pourquoi plutôt ?

– C'est une affaire compliquée... Il hésita un instant. Et un peu triste...

– Mais vous avez l'air si gai !

– Peut-être parce que je vous revois...

– Si vous me faites déjà la cour, il faut que j'appelle ma mère.

– Vous êtes ici avec votre mère ?

– Depuis deux semaines, oui. Et encore pour quelques semaines.

Tout en parlant, Nadia avait acheté ses timbres et envoyé ses lettres. Ils sortirent ensemble de la poste.

Très vite, dans les rues silencieuses de Gstaat, Nicolas se mit à raconter à la jeune fille ses efforts infructueux pour la retrouver. Elle riait en l'écoutant.

– Si j'avais su que vous étiez russe et que vous étiez avec votre mère, mes recherches auraient été facilitées.

Jean d'Ormesson, *Le Vent du soir*, J.C. Lattès, Paris, 1985

N.B. On ne traduira pas le titre de l'œuvre.

▶ *Au fil du texte*

■ Repères lexicaux

- la rencontre : « die Begegnung (en) » ; « rencontrer » : « begegnen + datif » ou « treffen + acc. »

- adresser la parole à quelqu'un : « an jemanden (acc.) das Wort richten » ; « s'adresser à quelqu'un » : « sich an jemanden wenden »

- plutôt : « eher »

- une affaire compliquée : « eine komplizierte Angelegenheit »

- hésiter : « zögern » ; « l'hésitation » : « das Zögern »

- avoir l'air : « aus/sehen (ie;a,e) », « scheinen (ie,ie) »

– gai : « fröhlich », « munter ». À ne pas confondre avec « froh » qui signifie « heureux »

– faire la cour à quelqu'un : « jemandem den Hof machen » ; « la cour » : « der Hof (¨e) » ; « la cour de l'école » : « der Schulhof » ou « der Pausenhof » ; « la cour royale » : « der Königshof » ; « la basse-cour » : « der Hühnerhof »

– Depuis deux semaines, oui : « Ja, seit zwei Wochen ». Il est plus courant de commencer la phrase allemande par le « Ja ».

– le timbre : « die Briefmarke (n) »

– envoyer une lettre : « einen Brief ab/schicken »

– la poste, le bureau de poste : « das Postamt » ; « die Post » signifie « la poste », mais aussi « le courrier ».

– silencieux : « still » ; « le silence » : « die Stille »

– Gstaat : lieu de villégiature des Alpes suisses du canton de Berne, très apprécié en particulier pour les sports d'hiver.

– infructueux : « fruchtlos », dérivé comme en français de « fruit » : « die Frucht (¨e) »

– l'effort : « die Bemühung (en) »

– la recherche (de quelqu'un qui a disparu) : « die Nachforschung (en) nach + datif »

– faciliter, simplifier : « vereinfachen »

■ **Repères grammaticaux**

– J'aurais dû attendre que : « ich hätte warten sollen, bis… » La phrase est à l'irréel du passé (auxiliaire « hätte » suivi d'un participe passé « müssen » qui a une forme infinitivale car il est suivi d'un complément à l'accusatif). Le groupe « warten sollen » est un double infinitif.

– Il hésita un instant : le complément de temps qui n'est pas précédé d'une préposition se met à l'accusatif : « er zögerte einen Augenblick (lang) ».

– Tout en parlant : la question qui se pose est comment rendre le participe présent français. Les deux actions ici décrites sont simultanées. Par ailleurs, le participe présent « parlant » n'est pas suivi de complément. Dans ce cas, on peut utiliser la préposition « bei + datif » puis substantiver le verbe qui prend alors une majuscule (« beim Sprechen »). Mais des subordonnées du type « Indem sie sprach » ou « Während sie sprach » sont également possibles.

– Elle riait en l'écoutant : « sie hörte ihm lachend zu ». Le complément de manière est ici rendu par un participe présent allemand (« Elle revient de l'école en pleurant » : « Sie kommt weinend von der Schule zurück »).

– si j'avais su que vous étiez : pas de concordance des temps en allemand, irréel (« gewusst hätte ») après « wenn » mais indicatif (« sind ») après « dass ».

– Si j'avais su que…, mes recherches auraient été facilitées : « Wenn ich gewusst hätte, dass …, wären meine Nachforschungen einfacher gewesen / hätte es meine Nachforschungen vereinfacht / hätte es meine Nachforschungen erleichtert ». Comme plus haut, on a affaire à un irréel du passé.

◗ *Proposition de traduction*

Die Begegnung

« Ich heiße Nicolas Cossy. »

« Ich hätte warten sollen, bis meine Mutter da ist, um das Wort an Sie zu richten. Mein Name ist Nadia. »

« Sind Sie Russin? »

« Ein bisschen. Und Sie? Schweizer? Deutscher? Engländer? »

« Eher Schweizer », sagte er.

« Warum eher? »

« Das ist eine komplizierte Angelegenheit... » Er zögerte einen Augenblick. « Und ein bisschen traurig... »

« Aber Sie sehen doch so fröhlich aus! »

« Vielleicht, weil ich Sie wiedersehe... »

« Wenn Sie mir schon jetzt den Hof machen, muss ich meine Mutter rufen. »

« Sind Sie hier mit Ihrer Mutter? »

« Ja, seit zwei Wochen. Und noch für ein paar Wochen. »

Beim Sprechen hatte Nadia Briefmarken gekauft und ihre Briefe abgeschickt. Sie verließen zusammen das Postamt.

Sehr schnell fing Nicolas in den stillen Straßen von Gstaat an, von seinen fruchtlosen Bemühungen zu erzählen, sie wieder zu finden. Sie hörte ihm lachend zu.

« Wenn ich gewusst hätte, dass Sie Russin sind und mit Ihrer Mutter zusammen, wären meine Nachforschungen einfacher gewesen. »

46 **Le correspondant** ***

En ce début des années soixante, je suis un petit Français qui séjourne en Allemagne, en vue de se perfectionner dans cette première langue étudiée au lycée. Ce n'est pas encore une pratique courante. Il m'a fallu faire un long voyage, passer solennellement les frontières, avant de rencontrer la famille du correspondant qu'un professeur bienveillant m'a aidé à trouver, et ne recevoir des nouvelles de France que par les lettres de ma mère qui mettent des jours à me parvenir. À peine plus jeune que la paix, me voilà livré à moi-même pour la première fois ! [...]
Moi, je suis brun, particulièrement réservé, mais je déborde aussi d'une énergie qui se déverse tout entière dans les épais carnets de croquis qui ne me quittent jamais. J'use quantité de crayons à dessiner, tandis que Thomas nage, grimpe, flirte, danse, joue au tennis, boit de la bière et raconte à l'oreille des filles des histoires drôles auxquelles je ne comprends rien.

Pierre Péju, *Le Rire de l'ogre*, NRF, éditions Gallimard, 2005, p. 20

▶ *Au fil du texte*

■ Repères lexicaux

- le correspondant : « der Austauschschüler (-) », « der Brieffreund (e) » ; « l'échange » : « der Austausch (¨e) »
- les années soixante : « die sechziger Jahre »
- un petit Français : « ein kleiner / junger Franzose » ; « le Français » : « der Franzose (n,n) » (masculin faible) ; « la Française » : « die Französin (nen) » ; « français » : « französisch ». Bien mémoriser la présence ou l'absence de trémas.
- séjourner : « sich auf/halten (ä;ie,a) », « weilen »
- se perfectionner dans : « seine Kenntnisse + génitif vertiefen »
- la pratique, l'usage : « die Sitte », « die Gepflogenheit ». Au pluriel, « die Sitten » signifie « les mœurs ».
- courant : « gängig », « üblich »
- passer la frontière : « die Grenze überschreiten (i,i) », « die Grenze passieren »
- solennellement, solennel : « feierlich »
- bienveillant : « wohlwollend »
- aider à trouver : « zu finden helfen (i;a,o) » ou bien à traduire par « verschaffen », « procurer ».
- mettre des jours : « tagelang brauchen »
- à peine : « kaum »

– la paix : « der Friede (n) » ou « der Frieden (-) ». Au génitif, ces masculins prennent unï (« des Friedens »).

– me voilà : « hier bin ich » ; « te voilà » : « da bist du »

– être livré à soi-même : « sich (pronom réfléchi au datif) selbst überlassen sein » (« je suis livré à moi-même » : « ich bin mir selbst überlassen »)

– réservé : « zurückhaltend »

– déborder d'énergie : « von überbordender Energie sein », ou bien « von Energie überquellen (i;o,o) », ou plus familier : « von Energie strotzen »

– se déverser dans : « sich aus/toben in + acc. », « sich aus/drücken in + acc. »

– le carnet de croquis : « der Zeichenblock (¨e) », « der Skizzenblock (¨e) »

– user : « verbrauchen », « ab/nutzen »

– une quantité de : « eine Unzahl von + datif »

– le crayon à dessiner : « der Zeichenstift (e) »

– grimper : « klettern »

– flirter : « flirten »

– l'oreille : « das Ohr (en) »

– l'histoire drôle : « die witzige Geschichte »

■ **Repères grammaticaux**

– se perfectionner dans cette première langue étudiée au lycée : « seine Kenntnisse dieser ersten am Gymnasium erlernten Fremdsprache vertiefen ». Il s'agit d'une qualificative. Après le démonstratif au génitif « dieser » se trouvent les compléments puis le substantif « Fremdsprache ». Le participe passé « erlernt » est utilisé comme un adjectif au génitif féminin avec la terminaison -en.

– avant de rencontrer… : « bevor ich… treffen konnte ». Alors que la conjonction « avant de » est suivie d'un infinitif en français, il est nécessaire en allemand de faire suivre « bevor » par un sujet et de finir la subordonnée par le verbe conjugué (pas d'infinitif).

– des histoires drôles auxquelles je ne comprends rien : « witzige Geschichten, von denen ich nicht das Mindeste verstehe ». En français, le verbe « comprendre » est suivi de la préposition « à » (« je ne comprends rien à ces histoires drôles ») et en allemand « verstehen » est suivi de la préposition « von ». Le pronom relatif est au datif pluriel (« denen »).

▶ *Proposition de traduction*

Der Austauschschüler

Am Anfang der sechziger Jahre bin ich ein kleiner Franzose, der sich in Deutschland aufhält mit dem Ziel, seine Kenntnisse dieser ersten am Gymnasium erlernten Fremdsprache zu vertiefen. Das ist damals noch keine gängige Sitte. Ich musste eine lange Reise unternehmen, feierlich die Grenzen überschreiten, bevor ich die Familie des Brieffreundes treffen konnte, die zu finden mir ein wohlwollender Lehrer geholfen hatte, und ich konnte Nachrichten aus Frankreich nur durch die Briefe meiner Mutter bekommen, die tagelang brauchten, um mich zu erreichen. Hier bin ich, kaum jünger als der Friede, zum ersten Mal mir selbst überlassen! [...]
Ich bin braunhaarig, ganz besonders zurückhaltend, aber auch von überbordender Energie, die sich ganz in den dicken Zeichenblöcken austobt, die mich nie verlassen. Ich verbrauche eine Unzahl von Zeichenstiften, während Thomas schwimmt, klettert, flirtet, tanzt, Tennis spielt, Bier trinkt und in die Ohren der Mädchen witzige Geschichten flüstert, von denen ich nicht das Mindeste verstehe.

47 | Un succès commercial *

En 1974, trois prototypes de « Klickys » (le premier nom du Playmobil), un Indien, un chevalier et un ouvrier, sont présentés au Salon du jouet de Nuremberg. Échec cinglant, sauf auprès d'un grossiste néerlandais, qui passe la première commande. Trente-cinq ans et quelque 2,3 milliards de Playmobil vendus plus tard, la société Brandstätter possède douze filiales en Europe et en Amérique, distribue ses figurines dans 70 pays, renouvelle un quart de ses collections chaque année et ignore la crise.

Télérama (abrégé)

▶ *Au fil du texte*

■ Repères lexicaux

- le succès : « der Erfolg (e) » ; « l'échec » : « der Misserfolg (e) »
- commercial : « kommerziell » ; « le commerce » : « der Handel » ; « le succès commercial » : « der kommerzielle Erfolg », « der Renner » (pour un produit que l'on s'arrache)
- le prototype : « der Prototyp (en,en) »
- le playmobil : « die Playmobilfigur (en) » (il n'est pas possible de raccourcir le terme en allemand)
- l'Indien : « der Indianer (-) »
- le chevalier : « der Ritter (-) » ; « monter à cheval » : « reiten (i,i) »
- l'ouvrier : « der Arbeiter (-) »
- présenter : « vor/stellen » ; « la présentation » : « die Vorstellung (en) »
- le jouet : « das Spielzeug (e) », au pluriel également « die Spielwaren », « die Spielsachen »
- le salon du jouet : « die Spielwarenmesse ». Réservé aux professionnels, il a lieu à Nuremberg, chaque année, en février. C'est le plus grand salon mondial consacré à cette industrie.
- Nuremberg : « Nürnberg » en allemand, est la deuxième ville de Bavière après Munich pour le nombre de ses habitants.
- un échec cinglant : « ein völliger / kompletter Misserfolg » ; « un échec sur toute la ligne » : « ein Misserfolg auf der ganzen Linie »
- sauf : « abgesehen von + datif », « außer + datif »
- le grossiste : « der Großhändler (-) » ; « le commerce de gros » : « der Großhandel »

- néerlandais : « niederländisch » ; « les Pays-Bas » : « die Niederlande » (nom de pays précédé d'un article pluriel, comme « die Vereinigten Staaten »)
- passer une commande : « eine Bestellung auf/geben (i;a,e) »
- distribuer dans (au sens commercial) : « vertreiben (ie,ie) in + acc. » ; « la distribution » : « der Vertrieb »
- la figurine : « das Figürchen », « die Modellfigur (en) »
- renouveler : « erneuern »
- le quart : « das Viertel (-) »
- la collection : en général « die Sammlung (en) » ; « collectionner » : « sammeln ». Mais dans le contexte, il est question de choix dans le catalogue, à traduire par « das Sortiment ».
- ignorer la crise : « von keiner Krise wissen (u,u) », « von der Krise verschont bleiben ». Attention au faux ami « ignorieren » qui signifie « feindre de ne pas voir quelqu'un ».

■ **Repères grammaticaux :**

- trois prototypes sont présentés : il est nécessaire d'utiliser une tournure passive, « drei Prototypen werden vorgestellt ».
- le premier nom du Playmobil : on peut construire une phrase complète (« so hieß die Playmobilfigur zuerst ») ou bien traduire par un groupe nominal apposé au datif car dépendant de « von + datif » (« dem ersten Namen der Playmobilfigur »).

▶ *Proposition de traduction*

Ein kommerzieller Erfolg

1974 werden drei Protypen von « Klickys » (so hieß die Playmobilfigur zuerst), ein Indianer, ein Ritter und ein Arbeiter bei der Nürnberger Spielwarenmesse vorgestellt. Ein kompletter Misserfolg, außer bei einem niederländischen Großhändler, der die erste Bestellung aufgibt. Fünfunddreißig Jahre und circa 2,3 Milliarden verkaufte Playmobilfiguren später besitzt die Firma Brandstätter zwölf Filialen in Europa und Amerika, vertreibt ihre Figürchen in 70 Länder, erneuert jedes Jahr ein Viertel ihres Sortiments und weiß von keiner Krise.

48 Le point de vue de l'ambassadeur d'Allemagne en France **

« Pour mieux comprendre la politique étrangère de l'Allemagne, il est indispensable de rappeler qu'elle est, au niveau national, en partie le résultat d'une interaction complexe entre le gouvernement fédéral et les Länder, mais aussi et surtout le Bundestag, notre parlement. En outre, les décisions de la Cour constitutionnelle fédérale de Karlsruhe influent elles aussi sur la politique étrangère allemande. Je suis sans cesse amené à l'expliquer dans mes fonctions d'ambassadeur d'Allemagne. Et c'est là que résident des différences fondamentales entre les politiques étrangères française et allemande. Elles sont le fruit d'une évolution historique qui s'est opérée principalement au cours des 150 dernières années de notre histoire. »

Interview de Reinhard Schäfer, *Diplomatie*

▶ Au fil du texte

■ Repères lexicaux

- le point de vue : « der Standpunkt (e) », « die Sichtweise »
- l'ambassadeur : « der Botschafter (-) » ; « l'ambassade » : « die Botschaft (en) »
- la politique étrangère : « die Außenpolitik »
- au niveau national : « auf nationaler Ebene », « auf Nationalebene » (par opposé au niveau international), ou « auf Bundesebene » s'il est question en Allemagne ou en Autriche du rapport entre le gouvernement et les régions.
- en partie : « zum Teil », « teilweise »
- le résultat : « das Ergebnis (se) »
- l'interaction entre : « die Wechselwirkung (en) », « die Interaktion (en) » ; ici, plutôt au sens de « coopération », « die Zusammenarbeit ». La préposition qui suivra est « zwischen + datif ».
- complexe : « komplex »
- en outre : « darüber hinaus »
- la décision : « die Entscheidung (en) »
- la Cour constitutionnelle fédérale : « das Bundesverfassungsgericht », qui siège à Karlsruhe depuis 1951, veille à ce que les lois allemandes soient conformes à la constitution.
- influer sur : « beeinflussen + acc. » ; « l'influence sur » : « der Einfluss (¨e) auf + acc. »

- sans cesse : « immer wieder », « ständig »
- la fonction de : « die Funktion als »
- la différence : « der Unterschied (e) » ; « une différence réside dans » : « ein Unterschied besteht in + datif »
- fondamental : « grundsätzlich »
- les politiques : pas de pluriel en allemand à « die Politik »
- le fruit : ici « das Ergebnis (se) » (« le résultat ») et non pas « die Frucht (¨e) » ni « das Obst » (mot neutre singulier invariable par ailleurs).
- l'évolution : « die Entwicklung (en) » ; « évoluer » : « sich entwickeln »
- s'opérer : « sich vollziehen (o,o) » (la particule est inséparable, le parfait est « vollzogen »), « sich ab/spielen »
- principalement : « hauptsächlich »
- au cours de : « im Laufe » suivi du génitif

■ **Repères grammaticaux**

- une interaction entre le gouvernement, les Länder, le Bundestag : les trois termes sont au datif après « zwischen ». Quant à « notre parlement », il est apposé à son antécédent et donc également au datif (« dem Bundestag, unserem Parlament »).

▶ *Proposition de traduction*

Der Standpunkt des deutschen Botschafters in Frankreich

« Um die deutsche Außenpolitik besser zu verstehen, muss unbedingt daran erinnert werden, dass sie auf nationaler Ebene zum Teil das Ergebnis einer komplexen Zusammenarbeit zwischen der Bundesregierung, den Ländern, aber auch und vor allem dem Bundestag, unserem Parlament, ist. Darüber hinaus beeinflussen auch die Entscheidungen des Bundesverfassungsgerichts in Karlsruhe die deutsche Außenpolitik. Das muss ich im Rahmen meiner Funktion als deutscher Botschafter immer wieder erklären. Und genau darin bestehen grundsätzliche Unterschiede zwischen der deutschen und der französichen Außenpolitik. Sie sind das Ergebnis einer historischen Entwicklung, die sich hauptsächlich im Laufe der letzten hundertfünfzig Jahre unserer Geschichte vollzogen hat. »

49 Les conséquences de la baisse des naissances en Allemagne ***

Les experts soulignent que la réduction sensible de la population entraînera une diminution comparable de la consommation. Les entrepreneurs resserrent d'autant leurs investissements. La diminution du nombre d'actifs au travail menacera l'avenir des régimes de retraite. Devenus disproportionnés, les équipements et infrastructures coûteront très cher à la population réduite, de même que les services publics indispensables. Le recul démographique conduira non pas à une répartition plus harmonieuse entre villes et campagnes, mais à la désertification de certaines régions tandis que d'autres concentreront encore plus d'habitants, aux dépens de l'environnement.

Manière de voir

▶ *Au fil du texte*

■ Repères lexicaux

- la conséquence : « die Konsequenz (en) », « die Folge (n) »
- la baisse des naissances : « der Geburtenrückgang »
- sensible : « spürbar » (au sens de « remarquable », « visible ») ; mais « une personne sensible » : « eine empfindsame Person »
- entraîner : « bewirken », « mit sich bringen (a,a) »
- comparable : « vergleichbar », « ähnlich »
- la diminution de la consommation : « der Konsumrückgang » ; « diminuer » : « zurück/gehen (i,a) » ; « la diminution », « le recul » : « der Rückgang », « die Reduzierung », « die Verminderung »
- resserrer, limiter, restreindre : « ein/schränken », « beschränken » ; « la limitation » : « die Beschränkung »
- d'autant : « in gleichem Umfang »
- l'actif (au travail) : « der Erwerbstätige (n,n) » (adjectif substantivé : « ein Erwerbstätiger »)
- menacer, au sens de « mettre en danger » : « gefährden » ; mais en général, « menacer » se traduit par « bedrohen + acc. »
- le régime de retraite : « die Rentenkasse (n) »
- disproportionné : « überdimensioniert », « übergroß », « überproportioniert »
- l'équipement : « die Einrichtung (en) »
- l'infrastructure : « die Infrastruktur (en) »

- coûter cher : « für jemanden hohe Kosten mit sich bringen (a,a) », mais surtout pas « teuer kosten » ! Au sens de la menace (« cela va te coûter cher »), on dira en allemand « es wird dich teuer zu stehen kommen ».
- réduite : « geschrumpft », « vermindert » ; « réduire » : « schrumpfen lassen », « vermindern », « senken »
- le service public : « der öffentliche Dienst »
- indispensable : « unverzichtbar », « unabdingbar »
- démographique : « demographisch », « Bevölkerungs- » (« l'accroissement de la population » : « der Bevölkerungszuwachs ») ; « la démographie » : « die Demographie »
- conduire à : « führen zu + datif »
- la répartition : « die Verteilung » ; « répartir » : « verteilen »
- harmonieuse : « harmonisch » ; « l'harmonie » : « die Harmonie »
- villes et campagnes : « Stadt und Land » (singulier)
- la désertification : « die Verödung », en géographie physique « die Versteppung », et lorsqu'il est question de la désertification des campagnes : « die Landflucht » ; « le désert » : « die Wüste (n) »
- la région : « der Landstrich (e) », « die Gegend (en) »
- concentrer : en général « konzentrieren », mais ici au sens de « attirer » : « an/ziehen (o,o) »
- aux dépens de : « auf Kosten + génitif »

■ **Repères grammaticaux**

- Le texte est au futur, en allemand « werden + infinitif ».

▶ *Proposition de traduction*

Die Folgen des Geburtenrückgangs in Deutschland

Die Experten betonen, dass der spürbare Rückgang der Bevölkerung einen vergleichbaren Konsumrückgang bewirken wird. Die Unternehmer schränken ihre Investitionen in gleichem Umfang ein. Die Verringerung der Zahl der Erwerbstätigen wird die Zukunft der Rentenkassen gefährden. Die überdimensioniert gewordenen Einrichtungen und Infrastrukturen sowie die unverzichtbaren öffentlichen Dienste werden für die geschrumpfte Bevölkerung sehr hohe Kosten mit sich bringen. Der demographische Rückgang wird nicht etwa zu einer harmonischeren Verteilung zwischen Stadt und Land führen, sondern zur Verödung mancher Landstriche, während in anderen Gegenden die Bevölkerungsdichte auf Kosten der Umwelt noch weiter zunehmen wird.

50 L'indépendance **

Catherine avait décidé de ne plus passer ses dimanches à la campagne. Elle en informa ses parents qui poussèrent les hauts cris. Pour Anne et Simon il était scandaleux de laisser leur fille seule à Paris. Que ferait-elle de son temps, qui rencontrerait-elle, dans quelles aventures allait-elle se lancer ? Elle assurait qu'elle se contenterait de se promener, de découvrir les quartiers encore inconnus de la grande ville. Il suffirait qu'Anne lui laissât quelques provisions, elle promettait de ne pas mettre l'appartement sens dessus dessous, de ne pas se lier avec des inconnus. En somme, elle promettait d'être bien sage, comme quand elle était petite.

Suzanne Prou, *La Maison des champs*, Grasset, 1993, p. 35

▶ *Au fil du texte*

■ Repères lexicaux

– l'indépendance : « die Unabhängigkeit » ; « être (in)dépendant de » : « (un) abhängig sein von + datif »

– décider de : « beschließen (o,o) / entscheiden (ie,ie) zu + infinitif », « sich entschließen (o,o) / sich entscheiden (ie,ie) zu + infinitif »

– informer de : « unterrichten von + datif » (langue plus littéraire), « informieren über + acc. » (un peu trop factuel dans le contexte), « in Kenntnis setzen von + datif », « benachrichtigen von + datif »

– pousser les hauts cris : « Zeter und Mordio schreien (ie,ie) » (expression d'origine médiévale et juridique), ou « laut protestieren ». Ne pas traduire par « einen Schrei aus/stoßen (ö;ie,o) » : « pousser un cri ».

– il était scandaleux de : ne pas traduire mot à mot, préférer par exemple « es war unerhört » (« inouï »).

– se lancer dans une aventure : « sich auf ein Abenteuer ein/lassen (ä;ie,a) » ; « l'aventure » : « das Abenteuer (-) » ; « l'aventurier » : « der Abenteurer (-) »

– assurer : « beteuern », « versichern » (que l'on utilise aussi au sens de « sich versichern gegen + acc. » : « souscrire une assurance contre »).

– se contenter de : « sich begnügen mit + datif », « sich zufrieden/geben (i;a,o) mit + datif »

– découvrir (un lieu) : « erkunden »

– le quartier : « das Viertel (-) »

– suffire : « genügen », « aus/reichen », « reichen » (plus familier)

– les provisions : « der Vorrat ("e) »

– promettre : « versprechen (i;a,o) » ; « la promesse » : « das Vesprechen (-) »

– se lier avec, fréquenter : « verkehren mit + datif », « Freundschaft schließen (o,o) mit + datif »

– en somme : « kurz »

– être bien sage : « schön brav sein » (expression du monde de l'enfant dans les deux langues)

– comme quand : « wie als »

■ **Repères grammaticaux**

– qui rencontrerait-elle : « wem würde sie begegnen ». « Begegnen » est suivi du datif, d'où l'emploi du pronom « wem » (datif de « wer »).

– Elle assurait qu'elle se contenterait : « Sie beteuerte, sie würde sich damit begnügen » est un irréel rendu par un subjonctif II, comme la phrase suivante.

– Il suffirait qu'elle laissât : le verbe « suffirait » est rendu par un irréel (subjonctif II), « würde » + infinitif (« würde genügen »). Le verbe « laisser » est également au subjonctif II présent en allemand (« hinterließe », formé sur la base du prétérit irrégulier, puis de la marque -e et des terminaisons du subjonctif, à la 3ᵉ personne du présent en l'occurrence marque -0).

▶ *Proposition de traduction*

Die Unabhängigkeit

Catherine hatte beschlossen, ihre Sonntage nicht mehr auf dem Land zu verbringen. Sie unterrichtete ihre Eltern davon, die Zeter und Mordio schrien. Für Anne und Simon war es unerhört, ihre Tochter allein in Paris zu lassen. Was würde sie mit ihrer Freizeit anfangen, wem würde sie begegnen, auf welche Abenteuer würde sie sich einlassen? Sie beteuerte, sie würde sich damit begnügen, spazierenzugehen, noch unbekannte Viertel der Großstadt zu erkunden. Es würde genügen, dass ihr Anne ein paar Vorräte hinterließe, sie versprach, die Wohnung nicht durcheinander zu bringen, nicht mit Unbekannten zu verkehren. Kurz, sie versprach, schön brav zu sein, wie als sie klein war.

51 | L'Autriche **

1. Tu comprends que mes chances de trouver un emploi en Carinthie sont malgré tout assez faibles.
2. Ne me demande pas pourquoi je refuse de rencontrer ce journaliste autrichien : je préfère en parler plus tard.
3. Nous pourrions d'abord aller au Burgkino pour voir « Le troisième homme » puis dîner dans un bon restaurant viennois. Qu'en penses-tu ?
4. En passant plusieurs mois en Autriche, il sera plus compétitif sur le marché européen du travail.
5. Avant ce voyage au festival de Salzbourg, je n'avais jamais pris l'avion pour partir en vacances.
6. S'il avait moins plu dans les Alpes autrichiennes cet été, nous aurions pu nous promener plus souvent.
7. Depuis qu'elle a eu le prix Nobel de littérature, les romans de Elfriede Jelinek sont traduits dans plusieurs langues, dès leur parution.
8. Ma correspondante autrichienne n'a toujours pas répondu à la longue lettre que je lui ai écrite.
9. Après avoir vécu assez longtemps dans un petit village du Tirol, Brigitte et sa famille habitent aujourd'hui à Innsbruck, la capitale du Land.
10. Plus je vais en Autriche, mieux je comprends le dialecte.

▶ Proposition de traduction

1. Du vestehst, dass meine Chancen, in Kärnten eine Arbeitsstelle zu finden, trotz allem relativ gering sind.
2. Frag(e) mich nicht, warum ich mich weigere, diesen österreichischen Journalisten zu treffen: Ich spreche lieber später davon.
3. Wir könnten zuerst ins Burgkino gehen, um « Der dritte Mann » zu sehen, und dann in einem guten Wiener Restaurant essen. Was hältst du davon?
4. Indem er mehrere Monate in Österreich verbringt, wird er auf dem europäischen Arbeitsmarkt wettbewerbsfähiger sein.
5. Vor dieser Reise zu den Salzburger Festspielen war ich nie geflogen, um Urlaub zu machen.
6. Wenn es in den österreichischen Alpen in diesem Sommer weniger geregnet hätte, hätten wir häufiger wandern können.
7. Seitdem sie den Nobelpreis für Literatur erhalten hat, werden Elfriede Jelineks Romane gleich nach ihrem Erscheinen in mehrere Sprachen übersetzt.
8. Meine österreichische Brieffreundin hat immer noch nicht auf den langen Brief geantwortet, den ich ihr geschrieben habe.
9. Nachdem sie ziemlich lange in einem kleinen Dorf in Tirol gelebt haben, wohnen Brigitte und ihre Familie nun in Innsbruck, der Landeshauptstadt.
10. Je öfter ich nach Österreich fahre, desto besser verstehe ich den Dialekt.

52 | Au supermarché ***

Je me suis levé assez tôt afin de mettre de l'ordre dans mes affaires puis, comme nous serons peut-être nombreux ce soir, j'ai fait quelques courses pour Marie dans les supermarchés. Il y en a deux en ville ; près du collège, celui dont notre ami Auguste a été le fondateur. J'aime comme tout le monde à proclamer mon goût pour le petit commerce, sans parler du marché qui se tient justement aujourd'hui place Léopold. Mais je cède à l'attraction de ces magasins anonymes, tout en me le reprochant. En effet, entre leurs « linéaires », je ne suis pas plus ici qu'à Beauvais, Créteil ou Cahors. C'est du moins ce que le chalant distrait suppose. Il existe cependant des différences subtiles qu'on ne tarde pas à apprécier.

Jacques Réda, *Aller aux mirabelles*, éditions Gallimard, 1991, p. 23

▶ Au fil du texte

■ Repères lexicaux

- mettre de l'ordre dans : « etwas in Ordnung bringen »
- mes affaires : « meine Angelegenheiten », « meine Geschäfte », mais pas « meine Affären », réservé aux aventures amoureuses ou aux scandales de la vie politico-économique.
- nombreux : « zahlreich »
- faire quelques courses : « einige Einkäufe tätigen », « ein paar Einkäufe machen »
- le collège : n'existe pas en tant que tel en Allemagne, puisque collège et lycée sont rassemblés sous un même toît. On peut traduire par « das Gymnasium ».
- le fondateur : « der Gründer (-) » ; « fonder » : « gründen » ; « la fondation » : « die Gründung (en) »
- le petit commerce, le commerce de détail : « der Einzelhandel » ; « le commerce de gros » : « der Großhandel »
- se tenir, avoir lieu : « statt/finden (a,u) »
- céder à : « nach/geben (i;a,e) + datif »
- l'attraction : « die Anziehungskraft »
- anonyme : « anonym »
- se reprocher quelque chose : « sich Vorwürfe machen » ; « le reproche » : « der Vorwurf (¨e) » ; « reprocher » : « vor/werfen (i;a,o) »
- en effet : « tatsächlich »
- le linéaire, le rayon : « das Regal (e) »
- du moins : « zumindest »

- distrait : « zerstreut » ; « la distraction » : « die Zerstreuung (en) »
- le chalant, le client : « der Kunde (n,n) »
- supposer, s'imaginer : « sich vor/stellen », « an/nehmen (i;a,o) »
- exister : « bestehen (a,a) » ; « l'existence » : « das Bestehen », « die Existenz »
- subtile : « subtil »
- ne pas tarder à : à rendre par l'adverbe « schnell » ou « rasch ».
- apprécier : « schätzen », « zu schätzen wissen »

■ **Repères grammaticaux**

- comme : « da », conjonction de subordination entraînant un verbe conjugué en dernière position. Ne surtout pas confondre avec la comparaison « il se lève tôt comme moi » : « er steht früh auf wie ich ».
- près du collège : « in der Nähe des Gymnasiums ». Pas de majuscule en allemand après le point-virgule car ce qui suit n'est pas une phrase. Dans le cas où l'on trouve une proposition avec verbe conjugué après le point-virgule, on commencera en revanche avec une majuscule.
- sans parler de… : « von… gar nicht zu reden ». Cette expression fixe est une infinitive.
- Je cède… tout en me le reprochant : « ich gebe… nach und mache mir Vorwürfe dabei ». Le gérondif français sera rendu par « und … dabei » qui indique la simultanéité.
- Il existe des différences : en allemand, on traduit par le pluriel « es bestehen Unterschiede » ou au singulier « es gibt Unterschiede ».

▶ *Proposition de traduction*

Im Supermarkt

Ich bin ziemlich früh aufgestanden, um meine Angelegenheiten in Ordnung zu bringen und dann, da heute Abend vielleicht viele Gäste kommen werden, habe ich in den Supermärkten einige Einkäufe für Marie getätigt. Es gibt zwei davon in der Stadt; in der Nähe des Gymnasiums denjenigen, den unser Freund Auguste gegründet hat. Wie alle Menschen sage ich gern demonstrativ, wie sehr ich den Einzelhandel schätze, vom Markt gar nicht zu reden, der gerade heute auf dem Leopoldplatz stattfindet. Aber ich gebe der Anziehungskraft dieser anonymen Geschäfte nach und mache mir Vorwürfe dabei. Tatsächlich könnte ich zwischen den Regalen genauso gut hier oder in Beauvais, Créteil oder Cahors sein. Das zumindest stellt sich der zerstreute Kunde so vor. Es bestehen allerdings subtile Unterschiede, die man schnell zu schätzen weiß.

53 Berlin **

1. J'ai voulu me renseigner sur le projet de reconstruction du château des Hohenzollern.
2. Au 6ᵉ et 7ᵉ étage du Kadewe, on trouve non seulement des spécialités allemandes mais aussi du fromage français qui me fait très envie.
3. On se demande si, dans ces conditions ils ont eu raison de faire de l'Université Libre de Berlin une université d'élite.
4. Beaucoup d'Allemands de l'Est se demandent si le tournant a été vraiment positif.
5. Si les Berlinois prenaient davantage le métro ou le S-Bahn, il y aurait moins d'embouteillages le vendredi soir.
6. De plus en plus de gens habitent loin du centre-ville car les loyers à Potsdam même coûtent beaucoup trop cher.
7. L'actuel maire de Berlin a répondu qu'on remplacerait les aéroports déjà existants de Tegel et Schönefeld par un nouvel aéroport.
8. Quel dommage que vous ne viviez pas dans la capitale allemande, car la majorité de ses habitants sont très satisfaits de leurs conditions de vie.
9. En critiquant le fait que leur ville est sale et endettée, les habitants de Berlin ne font que dire la vérité.
10. Quoi qu'il en soit, la plupart des artistes préfèrent vivre à Kreuzberg.

▶ *Proposition de traduction*

1. Ich habe mich über den geplanten Wiederaufbau des Hohenzollernschlosses informieren wollen.
2. Auf der 6. und 7. Etage / Im 6. und 7. Stock des Kadewe findet man nicht nur deutsche Spezialitäten, sondern auch französischen Käse, auf den ich große Lust habe.
3. Man fragt sich, ob sie unter diesen Bedingungen Recht gehabt haben, aus der Berliner Freien Universität eine Eliteuniversität zu machen.
4. Viele Ostdeutsche fragen sich, ob die Wende wirklich positiv war.
5. Wenn mehr Berliner die U-Bahn oder die S-Bahn nähmen, dann gäbe es am Freitagabend weniger Staus.
6. Immer mehr Menschen wohnen weit vom Stadtzentrum entfernt, weil die Mieten in Potsdam selbst viel zu teuer sind.
7. Der amtierende Berliner Bürgermeister hat geantwortet, dass man die schon existierenden Flughäfen Tegel und Schönefeld durch einen neuen Flughafen ersetzen werde / , man werde... ersetzen.
8. Wie schade, dass Sie nicht in der deutschen Hauptstadt leben, denn die Mehrheit ihrer Bewohner ist mit ihren Lebensbedingungen sehr zufrieden.
9. Wenn sie die Tatsache kritisieren, dass ihre Stadt schmutzig und verschuldet ist, sagen die Berliner die reine Wahrheit.
10. Wie dem auch sei, die meisten Künstler ziehen es vor, in Kreuzberg zu leben / leben lieber in Kreuzberg.

54 Des projets d'avenir *

Je voulais devenir institutrice, puis infirmière, puis flic, puis juge, puis actrice, puis j'ai étudié la philo. Aujourd'hui, je me donne l'impression d'être faite d'un peu de tout cela. Je ne voulais pas dépendre de mes parents, j'ai commencé à travailler au standard d'une maison de production de films publicitaires. C'est là que j'ai rencontré Raoul, que vous m'avez présenté à la soirée chez Bruce. Je le connaissais déjà. Vous ne pouviez pas le savoir.

Que vous dire de plus ? Je fais partie d'une troupe de théâtre amateur. Mais je ne vous en dis pas davantage, vous viendrez voir la représentation. La pièce a pour titre *L'Héritage*. C'est un beau thème pour vous et votre père, l'héritage.

Catherine Redelsperger, *Daily, Texas*, Hachette, 2007, p. 63

❭ *Au fil du texte*

■ Repères lexicaux

– le projet : « der Plan (¨e) »

– l'avenir : « die Zukunft » ; « le présent » : « die Gegenwart » ; « le passé » : « die Vergangenheit »

– l'institutrice : « die Volksschullehrerin (nen) » ; « l'instituteur » : « der Volksschullehrer (-) »

– l'infirmière : « die Krankenschwester (n) » ; « l'infirmier » : « der Krankenpfleger (-) »

– la flic : « die Polizistin (nen) », le mot « der Bulle (n,n) », assez vulgaire, n'a bien sûr pas de féminin puisqu'il signifie « le taureau ».

– la juge : « die Richterin (nen) » ; « le juge » : « der Richter (-) »

– l'actrice : « die Schauspielerin (nen) » ; « l'acteur » : « der Schauspieler (-) »

– la philo : « die Philosophie » (pas d'abréviation en allemand)

– être fait de : « bestehen (a,a) aus + datif »

– un peu de tout cela : « ein bisschen aus all diesen Teilen », « ein bisschen aus alledem »

– dépendre de : « ab/hängen von + datif » ; « dépendant de » : « abhängig von + datif » ; « la dépendance » : « die Abhängigkeit » ; « l'indépendance » : « die Unabhängigkeit »

– le standard (téléphonique) : « die (Telefon)zentrale »

– la maison de production : « die Produktionsfirma (en) »

– le film publicitaire : « der Werbefilm (e) »

– présenter (quelqu'un) : « vor/stellen » ; « la présentation », mais aussi « la représentation » (théâtrale) et « l'imagination » : « die Vorstellung (en) »

– faire partie de : « an/gehören + datif »

– la troupe de théâtre : « die Theatergruppe » mais « la troupe de théâtre amateur » : « die Laienspielgruppe ». Par ailleurs, le substantif « l'amateur » se dit « der Amateur (e) », « der Laie (n,n) » et l'adjectif « amateur » se dit « nicht professionnell ».

– la pièce : « das Stück (e) », « das Theaterstück (e) »

– l'héritage : « die Erbschaft » (biens matériels), « das Erbe » (plus abstrait) ; l'héritier : « der Erbe (n,n) »

■ **Repères grammaticaux**

– Le texte permet de revoir la forme de politesse. Le pronom est la troisième personne du pluriel en allemand au nominatif (« vous m'avez présenté Raoul » : « Sie haben mir Raoul vorgestellt »). Le pronom est identique à l'accusatif. Au datif, le pronom devient « Ihnen » (« que vous dire de plus ? » : « was soll ich Ihnen sonst noch sagen? » ; « je ne vous en dis pas davantage » : « ich sage Ihnen nichts Weiteres »). Le possessif « votre », « Ihr », s'écrit également avec une majuscule.

– pas davantage : « nichts Weiteres », il s'agit d'un pronom indéfini neutre singulier en -es (autres exemples de pronoms indéfinis courants : « vieles », qui se traduit par un pluriel en français, « beaucoup de choses » ; « einiges », « certaines choses »). Il prend ici une majuscule après « nichts » (« nichts Weiteres »). On substantivise de la même manière tous les adjectifs après « nichts » (« rien de ») ou « etwas » (« quelque chose de ») : « nichts Neues », « etwas Neues ». Seules exceptions : « nichts anderes », « etwas anderes » ne prennent pas la majuscule.

▶ *Proposition de traduction*

Zukunftspläne

Ich wollte Grundschullehrerin, dann Krankenschwester, dann Polizistin, dann Richterin, dann Schauspielerin werden, schließlich habe ich Philosophie studiert. Heute habe ich den Eindruck, ein bisschen aus all diesen Teilen zu bestehen. Ich wollte nicht von meinen Eltern abhängen, ich habe angefangen, bei der Telefonzentrale einer Werbefilmproduktionsfirma zu arbeiten. Dort habe ich Raoul getroffen, den Sie mir während der Party bei Bruce vorgestellt haben. Ich kannte ihn schon vorher. Sie konnten das nicht wissen.

Was soll ich Ihnen sonst noch sagen? Ich gehöre einer Laienspielgruppe an. Aber ich sage Ihnen nichts Weiteres darüber, Sie werden ja zur Vorstellung kommen. Das Stück trägt den Titel « Die Erbschaft ». Das ist ein schönes Thema für Sie und Ihren Vater, die Erbschaft.

55 Les émigrés chinois **

Je me dirige vers le quartier chinois. Dans ce quartier aussi, un clandestin peut passer inaperçu. Je prends une chambre dans un petit hôtel, l'hôtel de la Perle Noire, le moins cher que je trouve et le plus discret. Les toilettes et les douches sont à l'étage. L'hôtel est habité par des Chinois qui vivent à plusieurs par chambre. Ils se relaient nuit et jour, car il y a les équipes de nuit et les équipes de jour dans les ateliers clandestins du quartier chinois. Le travail n'arrête jamais. Dans ce quartier aussi, la police ferme les yeux. Les clandestins, tant qu'ils ne posent pas de problèmes et restent à leur place, surtout les Chinois, sont les bienvenus en France. À l'étage, devant les douches et devant les toilettes, il y a la queue. Chacun attend patiemment son tour en racontant des histoires que je ne peux pas comprendre puisque je ne connais pas le chinois.

Marie Redonnet, *Diego*, éditions de Minuit, 2005, p. 161

▶ Au fil du texte

■ Repères lexicaux

– l'émigré : « der Emigrant (en,en) » ; « émigrer » : « emigrieren », « aus/wandern »

– se diriger vers : « sich begeben (i;a,e) in + acc. / zu + datif »

– le quartier : « das Stadtviertel (-) », « der Stadtteil (e) »

– dans ce quartier aussi : « auch in diesem Stadtteil ». « Auch » renforce le groupe « dans ce quartier », et est donc antéposé.

– chinois : « chinesisch » ; « la Chine » : « China » ; « le Chinois » : « der Chinese (n,n) » ; « la Chinoise » : « die Chinesin (nen) »

– le clandestin : « der Ausländer (-) ohne Aufenthaltsgenehmigung », « der illegale Einwanderer (-) »

– passer inaperçu : « unbemerkt bleiben », « unauffällig sein », « unauffällig auf/treten (i;a,e) »

– discret : « diskret » ; « la discrétion » : « die Diskretion »

– l'étage : « der Stock (e) », « das Stockwerk (e) », « die Etage (n) » ; « à l'étage » : « auf der Etage »

– vivre à plusieurs : « zu mehreren leben »

– se relayer : « einander ab/wechseln »

– l'équipe : « die Schicht (en) »

– l'atelier : « die Werkstatt (¨en) » ou « die Werkstätte (n) » ; « l'atelier clandestin » : « die illegale Werkstätte » si l'atelier est illégal, ou « die Fälscherwerkstatt » si l'atelier produit des contrefaçons.

– arrêter de : « auf/hören zu + infinitif » ; « J'arrête de travailler » : « Ich höre auf zu arbeiten »

– fermer les yeux (au sens figuré) : « beide Augen zu/drücken », « durch die Finger sehen (ie;a,e) », « die Augen verschließen (o,o) »

– poser un problème : « ein Problem bereiten »

– être le bienvenu : « willkommen sein » ; « bienvenue ! » : « willkommen! »

– la queue : « die Schlange », qui signifie également « le serpent » ; « faire la queue » : « Schlange stehen (a,a) ». Mais la queue de l'animal se dit « der Schwanz (¨e) ».

– patiemment, patient (adverbe et adjectif) : « geduldig » ; « impatient », « impatiemment » : « ungeduldig » ; « la patience » : « die Geduld » ; « l'impatience » : « die Ungeduld »

– attendre son tour : « darauf warten, dass man an der Reihe ist » ou « warten, bis man an der Reihe ist » ; « c'est mon tour » : « ich bin dran ».

– connaître le chinois : à traduire en principe par « Chinesisch können », mais ici il faut éviter la répétition de l'auxiliaire « können » déjà utilisé dans « pouvoir comprendre », « verstehen können ». On préférera donc « Chinesisch sprechen ». Noter la majuscule devant les langues (« Deutsch lernen », « Englisch verstehen »).

■ **Repères grammaticaux**

– dans un petit hôtel, l'hôtel de la Perle noire, le moins cher que je trouve et le plus discret : « ein Zimmer in einem kleinen Hotel, dem Hotel der schwarzen Perle, dem billigsten, das ich finde, und dem diskretesten ». On trouve ici une succession d'appositions, toutes se rapportant au mot neutre « das Hotel » qui est au datif après la préposition « in ». Les appositions se mettent au cas de leur antécédent, ici au datif.

– le plus discret : « dem diskretesten ». Noter qu'au superlatif les adjectifs qui se terminent par un -t prennent un -e intercalaire avant -st.

– tant que : « solange » (conjonction de subordination, verbe conjugué en dernière place dans la subordonnée)

– en racontant : les deux actions, celle d'attendre son tour et celle de raconter des histoires, sont simultanées. On peut rendre le participe présent français par « und erzählt dabei… ».

Die chinesischen Emigranten

Ich begebe mich in das chinesische Viertel. Auch in diesem Stadtteil kann ein Ausländer ohne Aufenthaltsgenehmigung unbemerkt bleiben. Ich nehme ein Zimmer in einem kleinen Hotel, dem Hotel « Schwarze Perle », dem billigsten, das ich finde, und dem diskretesten. Die Toiletten und die Duschen sind auf der Etage. Das Hotel ist von Chinesen bewohnt, die zu mehreren in einem Zimmer leben. Sie wechseln einander Tag und Nacht ab, denn es gibt in den illegalen Werkstätten des chinesichen Viertels Tag- und Nachtschichten. Die Arbeit hört nie auf. Auch in diesem Stadtviertel drückt die Polizei beide Augen zu. Die illegalen Einwanderer, vor allem die Chinesen, solange sie keine Probleme bereiten und an ihrem Platz bleiben, sind in Frankreich willkommen. Im ersten Stock wird vor den Duschen und den Toiletten Schlange gestanden. Jeder wartet geduldig darauf, an der Reihe zu sein und erzählt dabei Geschichten, die ich nicht verstehen kann, da ich kein Chinesisch spreche.

56 La vie en Afrique ***

L'Afrique était puissante. Pour l'enfant que j'étais, la violence était générale, indiscutable. Elle donnait de l'enthousiasme. Il est difficile d'en parler aujourd'hui, après tant de catastrophes et d'abandon. Peu d'Européens ont connu ce sentiment. Le travail que faisait mon père au Cameroun d'abord, puis au Nigeria, créait une situation exceptionnelle. La plupart des Anglais en poste dans la colonie exerçaient des fonctions administratives. Ils étaient militaires, juges, district officers (ces D.O. dont les initiales, prononcées à l'anglaise, Di-O, m'avaient fait penser à un nom religieux, comme une variation sur le « Deo gratias » de la messe que ma mère célébrait sous la varangue chaque dimanche matin). Mon père était l'unique médecin dans un rayon de soixante kilomètres. Mais cette dimension que je donne n'a aucun sens : la première ville administrative était Abakaliki, à quatre heures de route, et pour y arriver il fallait traverser la rivière Aiya en bac, puis une épaisse forêt.

Le Clézio, *L'Africain*, Mercure de France, 2004, p. 17-18

▶ *Au fil du texte*

■ Repères lexicaux

- l'Afrique : « Afrika » ; « Europa », « Afrika », « Asien », « Amerika », « Australien », « Antarktis » sont les noms des continents, « die Kontinente ».
- puissant : « mächtig », « stark » pour des émotions et des impressions, ou « gewaltig » (à ne pas confondre avec « gewalttätig », qui signifie « violent »).
- la violence : « die Gewalt »
- général (ici au sens de « généralisée », « partout présente ») : « allgegenwärtig ». Mais sinon, « général » : « allgemein » ; « en général » : « im Allgemeinen »
- indiscutable : « unbestreitbar »
- donner : a ici le sens de « procurer », « ein/geben (i;a,e) », « vermitteln »
- l'enthousiasme : « die Begeisterung » ; « s'enthousiasmer pour » : « sich begeistern für + acc. »
- la catastrophe : « die Katastrophe (n) »
- l'abandon (au sens d'être abandonné sans soin) : « die Vernachlässigung » ; le verbe « abandonner », « négliger » se dit « vernachlässigen ».
- le sentiment : « das Gefühl (e) »
- le Caméroun : « Kamerun »
- le Nigéria : « Nigeria »
- créer : « schaffen (u,a) »

- exceptionnel : « außergewöhnlich »
- la plupart : « die meisten »
- en service : « amtierend »
- la colonie : « die Kolonie (n) »
- exercer une fonction : « eine Funktion aus/üben »
- la fonction administrative : « die Verwaltungstätigkeit »
- le militaire : « der Militär (s) »
- le juge : « der Richter (-) »
- ces D.O. : « jene D.O. » plus littéraire que « diese D.O. »
- l'initiale : « der Anfangsbuchstabe (n,n) », « die Initiale (n) »
- prononcées à l'anglaise : « auf Englisch ausgesprochen » ou « wie im Englischen ausgesprochen » ; « prononcer » : « aus/sprechen (i;a,o) »
- faire penser à : « erinnern an + acc. », mais « se souvenir de » : « sich erinnern an + acc. »
- la variation sur : « die Variation über + acc. (das Deo Gratias) » ou « die Variation » suivi d'un génitif (« des Deo Gratias »)
- célébrer : « zelebrieren » pour la messe ou pour un rite, sinon « feiern »
- la varangue (mot ancien désignant une véranda dans les colonies) : « die Veranda »
- unique : « einzig »
- dans un rayon de : « im Umkreis von + datif »
- la dimension : « die Ausdehnung », « die Größe »
- donner : « an/geben (i;a,e) » au sens de « indiquer »
- n'avoir aucun sens : « keinerlei Sinn haben », « überhaupt keinen Sinn haben »
- la première ville : « die nächstgelegene Stadt », au sens de « la ville la plus proche », plutôt que « die erste Stadt ».
- la ville administrative : « der Verwaltungssitz », « die Stadt mit einer Verwaltung » ; « l'administration » : « die Verwaltung »
- traverser (le fleuve) : « überqueren », mais « traverser la forêt » se traduirait par « durchqueren ». Ici, « durch den dichten Wald » suffit, avec un verbe « gehen » sous-entendu (« man musste mit der Fähre den Fluß Aiya überqueren, und dann noch durch einen dichten Wald »).
- le bac : « die Fähre »
- épais : « dicht »

▶ *Proposition de traduction*

Das Leben in Afrika

Afrika war mächtig. Für das Kind, das ich damals war, war die Gewalt allgegenwärtig, unbestreitbar. Sie gab Begeisterung ein. Es ist schwierig, heute, nach so vielen Katastrophen und so viel Vernachlässigung, darüber zu sprechen. Wenige Europäer haben dieses Gefühl gekannt. Die Arbeit meines Vaters zuerst in Kamerun, dann in Nigeria, schuf eine außergewöhnliche Lage. Die meisten Engländer, die in der Kolonie tätig waren, übten eine Verwaltungstätigkeit aus. Sie waren Militärs, Richter, district officers (jene D.O., deren Anfangsbuchstaben auf Englisch ausgesprochen, Di-O, mich an einen religiösen Namen erinnerten, wie eine Variation über das « Deo gratias » der Messe, die meine Mutter jeden Sonntagmorgen auf der Veranda zelebrierte). Mein Vater war der einzige Arzt in einem Umkreis von sechzig Kilometern. Aber diese von mir angegebene Ausdehnung hat keinerlei Sinn: Die nächstgelegene Stadt mit einer Verwaltung war Abakaliki, vier Stunden Fahrt entfernt, und um sie zu erreichen, musste man mit der Fähre den Fluß Aiya überqueren, und dann noch durch einen dichten Wald.

57 Les transports **

1. On va démolir le vieux pont pour construire une nouvelle ligne de tramway.
2. Son sac a été volé il y a un mois dans le métro.
3. Quand je la verrai, je lui dirai d'être à la gare à 8 h 30 demain.
4. Cet homme, dont la voiture est garée sur le trottoir, est notre nouveau voisin.
5. Ils se sont rencontrés à l'arrêt de bus il y a quelques semaines.
6. J'attends depuis une demi-heure sur le parking devant la gare.
7. Comme je dois prendre le bus, je pars tout de suite pour ne pas le rater.
8. Les salariés de cette compagnie aérienne font grève pour que leurs conditions de travail s'améliorent.
9. Je n'ai pas voulu monter dans sa voiture parce qu'il conduit beaucoup trop vite.
10. Si tous les citadins prenaient davantage les transports en commun, nous aurions moins de problèmes de pollution.

▶ *Proposition de traduction*

1. Die alte Brücke wird zerstört werden, um eine neue Straßenbahnlinie zu bauen.
2. Ihre / Seine Handtasche ist vor einem Monat in der U-Bahn gestohlen worden.
3. Wenn ich sie sehe, werde ich ihr sagen, sie solle morgen um acht Uhr dreißig / um halb neun am Bahnhof sein.
4. Dieser Mann, dessen Auto auf dem Bürgersteig geparkt ist, ist unser neuer Nachbar.
5. Sie haben sich vor ein paar Wochen an der Bushaltestelle getroffen.
6. Ich warte schon eine halbe Stunde auf dem Parkplatz vor dem Bahnhof.
7. Da ich den Bus nehmen muss, breche ich sofort auf, um ihn nicht zu verpassen.
8. Die Angestellten dieser Fluggesellschaft streiken, damit ihre Arbeitsbedingungen besser werden.
9. Ich habe nicht in sein Auto einsteigen wollen, weil er viel zu schnell fährt.
10. Wenn alle Stadtbewohner öfter die öffentlichen Verkehrsmittel nehmen würden / nähmen, hätten wir weniger Probleme mit der Umweltverschmutzung.

58 Les couples franco-allemands **

[Sujet Ecricome LV1 2006]

À propos des relations franco-allemandes, M. Giscard d'Estaing a estimé qu'après le duo Kohl-Mitterrand, il n'y avait plus jamais eu « la même intimité » au plus haut niveau. Comme on lui opposait que la relation Chirac-Schröder semblait bonne, il a répondu : « non ». Ils s'embrassaient devant les caméras ? « Mais tout le monde s'embrasse devant les caméras », a ironisé VGE.

La relation franco-allemande « est » et « reste bonne ». « Entre les dirigeants, c'est plus compliqué », a observé VGE, en distinguant « trois périodes » dans l'Histoire récente des deux pays.

D'abord celle, « très curieuse », entre Charles de Gaulle et Konrad Adenauer, « deux hommes de culture très différente », mais « qui se sont entendus, compris ».

Puis, il y eut « la grande intimité entre Schmidt et moi ». « Nous avions la même culture, la même expérience, le même goût de l'économie ».

Troisième épisode de cette intimité, celle « entre Mitterrand et Kohl, assez paradoxale, car les deux hommes étaient très différents ». Mais « ils avaient développé entre eux, dans les deux sens, une relation personnelle forte et utile ».

« Depuis, ça ne s'est pas reproduit », a relevé l'ancien président.

D'après une dépêche de l'*AFP*, 30.10.2005

▶ *Au fil du texte*

■ **Repères lexicaux**

- les relations franco-allemandes : « die deutsch-französischen Beziehungen »
- Monsieur Giscard d'Estaing : « Herr » n'est pas courant dans les articles de presse, on mentionne directement le nom de famille de la personne.
- estimer à propos : « meinen zu + datif » ; mais en général, il faut traduire « à propos » par « über + acc. » ; « apropos » est un terme qui existe en allemand mais qui a le sens de « à ce propos » et introduit une phrase.
- le duo : « das Duo » ; « le trio » : « das Trio »
- l'intimité : « die Vertrautheit », « die enge Beziehung », mais « die Intimität » est plus souvent physique.
- au plus haut niveau : « auf höchster Ebene »
- opposer : « engegen/halten (ä,ie,a) + datif », « entgegnen + datif »
- s'embrasser : « sich umarmen », « sich küssen »
- la caméra : « die Kamera (s) »

- tout le monde : « alle », « alle Menschen »

- ironiser : « spötteln », « ironisch erwidern », « ironisch bemerken »

- le dirigeant (politique) : « der leitende / führende Politiker » ; mais dans une entreprise, on dira plutôt : « die Führungskraft (ˇe) »

- observer : ici « meinen », au sens de « faire une remarque », et non « beobachten ».

- la période : « der Abschnitt (e) », « der Zeitabschnitt (e) », « die Periode (n) », « die Phase (n) », « der Moment (e) »

- l'Histoire récente : « die jüngste / moderne / neuere Geschichte »

- curieux : « merkwürdig », « erstaunlich »

- la même culture, la même expérience, le même goût : l'adjectif choisi est « gleich » car les deux cultures ou expériences sont comparables, similaires, mais non identiques (dans ce cas, on traduit par « dieselbe »).

- la culture, mais aussi la civilisation : « die Kultur » (« die Hochkulturen » : « les grandes civilisations »)

- l'expérience : « die Erfahrung (en) »

- le goût de, au sens de « la prédilection pour » : « die Vorliebe für + acc. », « das Interesse für + acc. ». Ici, « der Geschmack », qui désigne l'un des cinq sens, ne convient pas.

- paradoxale : « paradox » ; « le paradoxe » : « das Paradoxon », « das Paradox » (les deux termes ont un pluriel d'origine grecque : « die Paradoxa »).

- utile : « nützlich »

- depuis : « seitdem ». Il ne faut pas confondre cet adverbe avec la préposition « seit » qui elle est suivie du datif (« seit den Wahlen » : « depuis les élections »).

- se reproduire : « sich wiederholen », « wieder vor/kommen », « sich wieder ereignen »

- relever : « bemerken »

- l'ancien président : il n'est pas question de son âge, mais du fait qu'il n'exerce plus ses fonctions, on traduit « ancien » par « ehemalig » et non par « alt ».

■ Repères grammaticaux

- les relations franco-allemandes : « die deutsch-französischen Beziehungen ». La première partie d'un adjectif composé n'est pas déclinée (« le climat chaud et humide » : « das feucht-heiße Klima », « wegen des feucht-heißen Klimas »).

- le discours indirect que l'on trouve dans le texte sera rendu au subjonctif I de préférence à l'indicatif : « La relation franco-allemande est et reste bonne », « Die deutsch-französische Beziehung sei und bleibe gut ». On ne met pas de guillemets dans la traduction car la parole est rapportée (subjonctif I). Par contre, pour la phrase « Entre les dirigeants, c'est plus compliqué », on garde les guillemets si l'on conserve un verbe à l'indicatif : « Zwischen den leitenden Politikern ist es komplizierter ».

- en distinguant : « wobei er unterschied », « und (er) unterschied ». Il est possible de traduire de ces deux manières le gérondif français.

- qui se sont entendus : « s'entendre » se rend par « einander zuhören ». « Einander » est le pronom réciproque invariable.

- qui se sont compris : le réfléchi peut être traduit de deux manières, « die sich gegenseitig verstanden haben » ou « die einander verstanden haben ».

▶ *Proposition de traduction*

Die deutsch-französischen Paare

Zu den deutsch-französischen Beziehungen meinte Giscard d'Estaing, es habe nach dem Duo Kohl-Mitterrand nie wieder « die gleiche Vertrautheit » auf höchster Ebene gegeben. Da man ihm entgegenhielt, die Beziehung Chirac-Schröder scheine gut, antwortete er mit « nein ». Sie umarmten sich vor den Kameras? « Aber alle umarmen sich vor den Kameras », spöttelte VGE.

Die deutsch-französische Beziehung sei und bleibe gut. « Zwischen den leitenden Politikern ist es komplizierter », meinte VGE, wobei er « drei Abschnitte » in der jüngsten Geschichte der beiden Länder unterschied.

Zuerst die « sehr merkwürdige » Beziehung zwischen Charles de Gaulle und Konrad Adenauer, « zwei Männern mit sehr unterschiedlicher Kultur », die aber « einander zugehört, sich gegenseitig verstanden » hätten.

Dann gab es « die große Vertrautheit zwischen Schmidt und mir ». « Wir hatten die gleiche Kultur, die gleiche Erfahrung, die gleiche Vorliebe für die Wirtschaft ».

Dritte Episode dieser Vertrautheit, die « zwischen Mitterrand und Kohl, ziemlich paradox, denn die beiden Männer waren sehr verschieden ». Aber « sie hatten zueinander und in beiden Richtungen ein starkes und nützliches persönliches Verhältnis entwickelt ».

« Seitdem hat sich das nicht wiederholt », bemerkte der ehemalige Präsident.

59 Une éducation religieuse ***

Je suis né dans une famille nombreuse, bretonne, catholique. J'aurais pu naître bouddhiste, juif, protestant, musulman. Ou athée. Ou rien de tout ça. J'aurais vécu autrement, avec d'autres idées, d'autres croyances. On ne choisit pas sa naissance. Après, on fait ce qu'on veut, ce qu'on peut. À chacun de s'en débrouiller. Chez moi, dans ma famille, être catholique, c'est une évidence. Longue lignée, du côté de mon père et de ma mère, de familles catholiques. Mais ce n'est pas un simple héritage, une étiquette commode. On y croit, on en vit, vraiment, réellement. À Trans, en Bretagne, dans les années cinquante, dans ce bourg de huit cents habitants perché au-dessus de la baie du Mont-Saint-Michel, notre vie tourne autour de l'église. La messe, les fêtes religieuses, les sacrements, la confirmation, la communion solennelle... Toute notre vie est rythmée par le catholicisme.

Alain Rémond, *Un jeune homme est passé*, Seuil, 2002, p. 19

▶ Au fil du texte

■ Repères lexicaux

- l'éducation : « die Erziehung »
- la famille nombreuse : « die Großfamilie », « die kinderreiche Familie »
- breton : « bretonisch ». Certains noms de régions françaises sont précédés d'un article comme « die Bretagne ». On peut également citer « la Normandie » : « die Normandie » ; « le Poitou » : « das Poitou ». D'autres noms ne prennent pas d'article : « Lothringen », « Aquitanien ».
- catholique : « katholisch » ; « le catholique » : « der Katholik (en,en) » ; « le catholicisme » : « der katholische Glaube » , « der Katholizismus »
- naître : « zur Welt kommen »
- le bouddhiste : « der Buddhist (en,en) » ; « le bouddhisme » : « der Buddhismus » ; « bouddhique » : « buddhistisch »
- le juif : « der Jude (n,n) » ; « le judaïsme » : « der Judaismus » ; « der jüdische Glaube » ; « juif » : « jüdisch »
- le protestant : « der Protestant (en,en) », « der Evangelische (n,n) » ; « le protestantisme » : « der Protestantismus » ; « protestant » : « evangelisch », « protestantisch »
- le musulman : « der Moslem (e) » ou « der Muslim (e) » ; « l'islam » : « der Islam » ; « musulman » : « moslemisch »
- l'athée : « der Atheist (en,en) » ; « l'athéisme » : « der Atheismus » ; « athée » : « atheistisch »

- la croyance : en général « das Glaubensbekenntnis », qui signifie également « la confession », ou « le credo », et ici plutôt synonyme de « die Überzeugung (en) », « la conviction ».
- On ne choisit pas sa naissance : on peut proposer « man sucht sich die Umstände (« les circonstances ») seiner Geburt nicht aus » pour éviter « sich seine Geburt aus/suchen » qui ne serait pas compréhensible.
- À chacun de s'en débrouiller : « Jeder muss selbst sehen, wie er zurechtkommt » ; « se débrouiller avec » : « zurecht/kommen mit + datif »
- l'évidence : « die Selbstverständlichkeit » ; pour traduire « être évident », il est possible d'utiliser soit « selbstverständlich sein », soit « auf der Hand liegen (a,e) ».
- la lignée : « die Abstammungslinie », qui désigne les ancêtres (« die Vorfahren ») ; « die Nachkommenschaft » désigne par contre les descendants.
- du côté de mon père et de ma mère : « auf väterlicher und mütterlicher Seite » ou « väterlicher- und mütterlicherseits ».
- l'héritage : « das Erbe » ou « die Erbschaft » qui a uniquement un sens matériel et désigne l'ensemble des biens qui constituent l'héritage, ce terme ne convient pas ici. « L'héritier » : « der Erbe (n,n) ».
- l'étiquette : « das Etikett », « die Bezeichnung » ou même « der Stempel » qui signifie en général « le tampon » (« tamponner » : « stempeln ») ; attention : « die Etikette » désigne le code de conduite à la cour.
- commode : « bequem »
- les années cinquante : « die fünfziger Jahre »
- le bourg : « das Städtchen », « der Marktflecken »
- perché au-dessus de : « das über... liegt »
- la baie : « die Bucht » ; « la baie de Kiel » : « die Kieler Bucht / die Kieler Förde ». Ici, le terme « die Förde » (qui a la même racine que le mot « Fjord ») ne convient pas, il désigne en effet une baie longue et étroite, mais uniquement dans la mer du Nord ou la Baltique.
- tourner autour de : « sich drehen um + acc. » (sens figuré)
- la fête religieuse : « der religiöse Feiertag »
- le sacrement : « das Sakrament (e) »
- la confirmation : « die Firmung » chez les catholiques, « die Konfirmation » chez les protestants.
- la communion : « die Kommunion ». « La communion solennelle » est une expression française : on ne rajoutera pas en allemand l'adjectif « feierlich », « solennel ».
- rythmé par : « vom Rhythmus... bestimmt », ou bien « vom Rhythmus... geprägt » ; « der Rhythmus » : « le rythme »

- **Repères grammaticaux**

  - j'aurais pu naître : « ich hätte zur Welt kommen können » ; « j'aurais vécu » : « ich hätte gelebt ». Ces deux propositions sont au mode de l'irréel, c'est-à-dire au subjonctif II qui se forme avec l'auxiliaire « haben » ou « sein » au subjonctif II présent (« hätte », « wäre ») suivi du participe passé (« hätte gekonnt », « wäre gekommen »). La forme « können » est celle du participe passé suivi d'un complément à l'infinitif (« kommen »), ce qui est désigné traditionnellement en grammaire par le terme de « double infinitif ». Le modal « können » détermine le choix de l'auxiliaire (« haben ») et non l'infinitif « kommen » qui le précède.

  - On y croit : « man glaubt daran » ; « on en vit » : « man lebt davon ». On trouve dans les deux cas un pronom de reprise en « da + r » (uniquement devant une voyelle) + préposition.

  - dans ce bourg de huit cents habitants perché au-dessus de la baie du Mont-Saint-Michel : peut être traduit de deux manières différentes, « in diesem Städchen von achthundert Einwohnern, das über der Bucht des Mont-Saint-Michel liegt,... » si l'on choisit de traduire par une subordonnée relative, ou bien par « in diesem über der Bucht des Mont-Saint-Michel gelegenen Städtchen von achthundert Einwohnern » si l'on préfère une qualificative.

▶ *Proposition de traduction*

Eine religiöse Erziehung

Ich wurde in einer bretonischen, katholischen Großfamilie geboren. Ich hätte als Buddhist, Jude, Protestant, Moslem zur Welt kommen können. Oder als Atheist. Oder nichts von alledem. Ich hätte anders gelebt, mit anderen Ideen, anderen Überzeugungen. Man sucht sich die Umstände seiner Geburt nicht aus. Letzlich macht man, was man will, was man kann. Jeder muss selbst sehen, wie er zurechtkommt. Bei mir, in meiner Familie, war es eine Selbstverständlichkeit, katholisch zu sein. Eine lange Abstammungslinie katholischer Familien, sowohl auf väterlicher als auch mütterlicher Seite. Aber es ist kein einfaches Erbe, kein bequemes Etikett. Man glaubt daran, man lebt davon, wirklich, tatsächlich. In Trans, in der Bretagne der fünfziger Jahre, in diesem Städchen von achthundert Einwohnern, das über der Bucht des Mont-Saint-Michel liegt, dreht sich unser Leben um die Kirche. Messe, religiöse Feiertage, Sakramente, Firmung, Kommunion... Unser ganzes Leben wird vom Rhythmus des katholischen Glaubens bestimmt.

60 La vie politique (1) **

1. Après avoir été vaincue en 1945, l'Allemagne est devenue un État démocratique.
2. Elle regrette que la constitution ne puisse pas être modifiée.
3. Contrairement à la France, le président est élu en Allemagne au suffrage indirect.
4. Pour les prochaines élections, on pourra choisir entre le candidat de la CDU et celui des Verts.
5. En s'abstenant, on n'exprime pas son avis.
6. Si jamais le parlement votait prochainement une loi à ce propos, cela susciterait une vague de protestation.
7. Il a l'intention de ne voter ni à droite ni à gauche, mais pour un homme politique indépendant.
8. On l'a priée de bien vouloir se présenter aux élections municipales.
9. Certes, j'aimerais adhérer à un parti mais je ne sais pas auquel.
10. Quand le ministre de l'Intérieur a démissionné, on a cherché en vain pendant deux mois un successeur.

▶ Proposition de traduction

1. Nachdem Deutschland 1945 besiegt worden war, ist es ein demokratischer Staat geworden.
2. Sie bedauert es, dass die Verfassung nicht geändert werden kann.
3. Im Gegensatz zu Frankreich wird der Präsident in Deutschland indirekt gewählt.
4. Bei den nächsten Wahlen wird man sich für den Kandidaten der CDU oder den der Grünen entscheiden können.
5. Wenn man sich enthält / Wenn man nicht wählt, drückt man seine Meinung nicht aus.
6. Sollte das Parlament in nächster Zeit ein Gesetz darüber verabschieden, (so) würde das eine Protestwelle auslösen.
7. Er hat vor, weder für die Rechte noch für die Linke, sondern für einen unabhängigen / parteilosen Politiker zu stimmen.
8. Man hat sie darum gebeten, sich zur Gemeinderatswahl aufstellen zu lassen.
9. Zwar würde ich gerne einer Partei beitreten, aber ich weiß nicht welcher.
10. Als der Innenminister zurückgetreten ist, hat man zwei Monate lang vergeblich nach einem Nachfolger gesucht.

61 L'arrestation **

Lorsque les deux policiers m'emmènent, la porte de la maison s'ouvre et se referme derrière moi. Ni Man ni Pa n'ont voulu, à la demande des policiers, m'accompagner pour signer ma déclaration. Ils me laissent partir comme si je partais pour toujours. Pour toujours.

Dehors, la foule est repoussée derrière la barrière par une rangée de policiers. Il y a un grondement lorsqu'on me voit venir. Quelqu'un s'approche avec une grosse caméra sur l'épaule, il y a des éclairs dans le ciel noir, un micro qui arrive comme un coup-de-poing et des questions que je ne comprends pas, à cause du bruit qui monte comme un tonnerre. Jamais je n'ai vu la nuit de cette façon.

Agnès Renaut, *Qu'as-tu fait de ta sœur*, Grasset, 2000, p. 133

▶ *Au fil du texte*

■ Repères lexicaux

– l'arrestation : « die Festnahme » ; « arrêter quelqu'un » : « jemanden fest/nehmen (i;a,o) »

– emmener : « ab/führen », « mit/nehmen (i;a,o) »

– ni… ni… : « weder… noch… »

– Man, Pa : désignation familière des parents à rendre par « Mutti » ou « Mama » et « Papa »

– à la demande de : « auf Anfrage + génitif »

– accompagner : « begleiten »

– signer : « unterschreiben (ie,ie) » ; « la signature » : « die Unterschrift (en) »

– la déclaration : « die Erklärung (en) »

– dehors : « draußen »

– la foule : « die Menge »

– repousser : « zurück/drängen »

– la barrière : « die Schranke (n) »

– la rangée : « die Reihe (n) »

– il y a (un grondement) : on ne dirait pas « es gibt », traduire par « es liegt… in der Luft », « man hört », ou par une autre périphrase.

– le grondement : « das Grollen », mais aussi « das Donnern » (pour le tonnerre) ou « das Brausen » (pour l'eau)

– s'approcher de : « sich nähern + datif »

– la caméra : « die Kamera (s) »

- l'épaule : « die Schulter (n) »
- l'éclair : « der Blitz (e) » ; « il y a des éclairs dans le ciel » : on peut traduire par « Blitze durchzucken den Himmel », « des éclairs zèbrent le ciel » ou plus simplement par « es gibt Blitze ».
- le ciel : « der Himmel »
- le micro : « das Mikrofon (e) »
- le coup-de-poing : « der Fausthieb (e) », « der Faustschlag (¨e) »
- le bruit : « der Lärm » (sing. invariable)
- monter (pour du bruit, de la fumée, mais aussi pour traduire « monter des escaliers ») : « empor/steigen (ie,ie) »
- le tonnerre : en général « der Donner » mais ici le bruit dure, « das Donnergrollen », « das Donnern », « das Grollen ».
- de cette façon : « auf diese Weise »

■ **Repères grammaticaux**

- Ni Man ni Pa n'ont voulu m'accompagner : « Weder Mutti noch Papa haben mich begleiten wollen ». On note la présence du double infinitif dans la traduction. En effet, le participe passé de « wollen » (« voulu ») a la forme d'un infinitif (et non celle de son participe passé habituel, « gewollt ») lorsqu'il est suivi d'un infinitif complément (« begleiten »).
- Ils me laissent partir : « Sie lassen mich weggehen ». L'infinitif après « lassen » n'est jamais précédé de « zu ». Même chose après « sehen » (« on me voit venir » : « man sieht mich kommen »), ainsi qu'après le verbe « hören » (« elle l'entend pleurer » : « sie hört ihn weinen »). Dans toutes les autres infinitives, le « zu » est obligatoire (« ils l'aident à prendre la fuite » : « sie helfen ihm zu fliehen »).
- comme si c'était pour toujours : la conjonction « comme si » est rendue par « als ob » qui est suivi du subjonctif II (« als ob es für immer wäre »), ou de manière plus littéraire par le subjonctif I (« als ob es für immer sei »). Dans les deux cas, il est fréquent de supprimer le « ob » et de placer le verbe au subjonctif après le « als » (« als wäre / sei es für immer »).
- la foule est repoussée : passif, « die Menge wird zurückgedrängt ». Le complément d'agent (« par les policiers ») est introduit par « von + datif ».
- à cause du bruit : « wegen des Lärms », car la préposition « wegen » est suivie du génitif.

❱ *Proposition de traduction*

Die Festnahme

Als die beiden Polizisten mich abführten, öffnet sich die Haustür und schließt sich wieder hinter mir. Weder Mutti noch Papa haben mich auf Anfrage der Polizisten begleiten wollen, um meine Erklärung zu unterschreiben. Sie lassen mich weggehen, als sei es für immer. Für immer.

Draußen wird die Menge von einer Reihe Polizisten hinter die Schranke zurückgedrängt. Ein Grollen erhebt sich, als man mich kommen sieht. Jemand nähert sich mit einer großen Kamera auf der Schulter, Blitze durchzucken den schwarzen Himmel, ein Mikrofon, das wie ein Fausthieb erscheint, und Fragen, die ich wegen des Lärms, der wie ein Donnergrollen emporsteigt, nicht verstehe. Noch nie habe ich die Nacht auf diese Weise gesehen.

62 Le départ *

Je suis partie d'Eralitz ce matin. Il y avait exactement huit jours que j'y étais arrivée. J'ai laissé la voiture au village, elle est trop usée pour refaire le voyage. J'ai pris le car jusqu'à Lourdes, et me voici dans le TGV. Par chance, il n'y a personne à côté de moi, je peux écrire tranquillement.

D'habitude, je préfère lire, ou regarder par la fenêtre. La fois où je suis retournée à Bordeaux, après ma première entrevue avec mon premier futur éditeur, il y avait un magnifique arc-en-ciel, qui est resté planté sur le paysage pendant tout le voyage, c'est-à-dire quelques heures et cinq cents kilomètres.

Hier, j'ai tout rangé et nettoyé dans la maison. J'ai jeté les cendres de la cheminée, et aussi toute l'alimentation périssable, mais j'ai oublié de jeter le pain. Je m'en suis aperçue dans le bus, c'était trop tard.

Alina Reyes, *Quand tu aimes, il faut partir*, éditions Gallimard, 1993, p. 83-84

▶ *Au fil du texte*

■ Repères lexicaux

- le départ : « die Abreise » (quel que soit le mode de transport), « die Abfahrt » (en train ou en bus) ; « le départ » (d'un avion) : « der Abflug » ; « l'arrivée » : « die Ankunft »
- arriver à : « an/kommen (a,o) in + datif »
- le village : « das Dorf (¨er) »
- usé : « abgenutzt » ; « l'usure » ; « die Abnutzung » ; « user » : « ab/nutzen »
- refaire le voyage : « die Rückreise machen », « die Rückreise an/treten (i;a,e) »
- par chance : « zum Glück », « glücklicherweise »
- tranquillement : « in aller Ruhe »
- d'habitude : « normalerweise »
- préférer : « vor/ziehen (o,o) », « bevorzugen », « lieber + verbe ». « Je préfère lire » : « ich ziehe das Lesen vor », « ich ziehe vor zu lesen », « ich bevorzuge das Lesen », « ich bevorzuge (es) zu lesen », « ich lese lieber ».
- l'entrevue : « das Gespräch »
- l'éditeur : « der Verleger (-) » ; « la maison d'édition » : « der Verlag (e) »
- l'arc-en-ciel : « der Regenbogen (-) »
- rester planté : « (still) stehen bleiben »
- le paysage : « die Landschaft (en) »
- pendant tout le voyage : « die ganze Reise lang »

- ranger : « auf/räumen »
- nettoyer : « putzen » ; « la femme de ménage » : « die Putzfrau »
- la cendre : « die Asche (n) »
- la cheminée : « der Kamin (e) » ; « la cheminée d'usine » : « der Schornstein (e) » ou « der Schlot (e) »
- l'alimentation : « die Nahrungsmittel » ; au singulier : « le produit alimentaire », « das Nahrungsmittel »
- périssable : « verderblich » ; « se gâter », « être périssable », mais aussi « gâter », « abîmer » : « verderben (i;a,o) »
- s'apercevoir de : « ein/fallen (ä;ie,a) + datif »

▶ **Proposition de traduction**

Die Abreise

Ich bin heute Morgen von Eralitz weggefahren. Ich war dort vor genau acht Tagen angekommen. Ich habe das Auto im Dorf gelassen, es ist zu abgenutzt, um auch die Rückreise zu machen. Ich habe den Bus bis Lourdes genommen, und jetzt bin ich im T.G.V. Zum Glück sitzt niemand neben mir, ich kann in aller Ruhe schreiben.

Normalerweise ziehe ich es vor, zu lesen oder aus dem Fenster zu schauen. An dem Tag, an dem ich nach meinem ersten Gespräch mit meinem ersten zukünftigen Verleger wieder nach Bordeaux gefahren bin, gab es einen wunderbaren Regenbogen, der während der ganzen Fahrt über der Landschaft stehen geblieben ist, das heißt ein paar Stunden und fünfhundert Kilometer.

Gestern habe ich zu Hause alles aufgeräumt und geputzt. Ich habe die Kaminasche weggeworfen und auch alle verderblichen Nahrungsmittel, aber ich habe vergessen, das Brot wegzuwerfen. Es ist mir im Bus eingefallen, es war zu spät.

63 Chez le boucher ***

Samedi, à la boucherie du village, dans le fond de la Ville Nouvelle, près de l'Oise. Le boucher et sa femme, les deux employés, un homme d'une cinquantaine d'années et un jeune, servent la clientèle nombreuse qui emplit la boutique (difficulté pour entrer). Essentiellement des femmes, quelques couples avec des paniers à courses. La plupart du temps, le boucher connaît les noms, lui et sa femme disent d'ailleurs « bonjour madame X » dès qu'ils s'aperçoivent de la présence de quelqu'un de connu, tout en servant une autre personne. S'il s'agit de clients occasionnels – ou pas encore familiers : au bout de combien de fois le devient-on ? –, ils sont distants, réservés, l'échange de paroles limité à la nature et à la quantité de la viande. La séquence est différente avec les habitués. Lenteur du choix, la cliente promène son regard sur les morceaux de viande exposés sur l'étalage réfrigéré, « je voudrais une belle tranche de faux-filet », demande conseil, « ça va pour deux personnes ? ».

Annie Ernaux, Journal du dehors, NRF, éditions Gallimard, 1993, p. 41-42

▶ Au fil du texte

■ Repères lexicaux

- chez : « bei + datif » car ici il n'y a aucun déplacement. On utilise sinon la préposition « zu + datif » (« ich gehe zum Fleischer » : « je vais chez le boucher »).
- le boucher : « der Fleischer (-) », « der Metzger (-) » ; « la viande » : « das Fleisch »
- la boucherie : « die Metzgerei (en) », « die Fleischerei (en) »
- dans le fond de : « im tiefst gelegenen Teil » ; « le fond », « la vallée » : « das Tal (¨er) »
- la Ville Nouvelle : « die Neustadt », « die Trabantenstadt » (qui se traduirait mot à mot par « la ville-satellite ») ; « le lotissement neuf » : « die Neubausiedlung »
- l'employé : « der Angestellte (n,n) » (adjectif substantivé) ; « un employé » : « ein Angestellter » ; « une employée » : « eine Angestellte »
- un homme d'une cinquantaine d'années : « ein Mann um die fünfzig »
- servir : « bedienen + acc. » (dans un restaurant, dans une boutique) ; en général « servir » : « dienen + datif »
- la clientèle : « die Kundschaft » ; « le client » : « der Kunde (n,n) »
- emplir : « füllen »
- essentiellement, essentiel : « hauptsächlich »
- le panier : « der Korb (¨e) »
- la plupart du temps : « meistens »

- d'ailleurs : « übrigens »

- s'apercevoir de : « gewahr werden + génitif » (le verbe n'est pas réfléchi en allemand), « bemerken + acc. »

- la présence : « die Gegenwart », qui signifie également « le présent ».

- quelqu'un de connu : « der Bekannte (n,n) » ; « une personne connue » : « ein Bekannter » au masculin, « eine Bekannte » au féminin (adjectif substantivé)

- une autre personne : « jemand anderes »

- occasionnel : « gelegentlich » ; « l'occasion » : « die Gelegenheit (en) »

- familier : « vertraut » ; « la familiarité » : « die Vertrautheit »

- distant : « kühl », « distanziert »

- réservé : « zurückhaltend », « reserviert »

- limité à : « begrenzt auf + acc. »

- la nature, le genre : « die Art » ; mais « la nature » : « die Natur »

- la quantité : « die Menge (n) », « die Quantität (en) » ; « la qualité » : « die Qualität »

- la séquence, le déroulement : « der Ablauf »

- l'habitué : « der Stammkunde (n,n) »

- la lenteur : « die Langsamkeit » ; « lent » : « langsam »

- le choix (dans un magasin) : « die Auswahl »

- promener le regard sur : « den Blick über + acc. schweifen lassen (ä;ie,a) »

- le morceau : « das Stück (e) »

- exposer : « aus/stellen » ; « l'exposition » : « die Ausstellung (en) »

- la tranche : « die Scheibe (n) »

- le faux-filet : « das Lendenstück », « die Lende »

- demander conseil : « um Rat fragen / bitten (a,e) » ; « le conseil » : « der Rat » (pluriel « die Ratschläge ») alors que « die Räte » signifie « les conseillers ».

- ça va, ça suffit : « es reicht »

■ **Repères grammaticaux**

- dès que : « sobald », conjonction de subordination entraînant un verbe conjugué en dernière place de subordonnée.

- tout en servant : deux actions ont lieu simultanément, on relie les propositions par la conjonction « wobei ». Le verbe de la subordonnée se place à la fin (« wobei sie zugleich einen Dritten bedienen »).

- la cliente promène son regard sur les morceaux de viande exposés sur l'étalage réfrigéré : « die Kundin lässt ihren Blick über die auf der gekühlten Auslage ausgestellten Fleischstücke schweifen ». Il s'agit d'une participiale. Le premier terme du groupe est l'article « die » et le noyau, « Fleischstücke », se trouve en dernière place. Les compléments se placent dans l'ordre inverse du français. Le participe passé « ausgestellt » prend la marque -en de la déclinaison forte de l'adjectif au pluriel.

Beim Fleischer

Samstag, in der Dorfmetzgerei, im tiefst gelegenen Teil der Neustadt, in der Nähe der Oise. Der Metzger und seine Frau, die beiden Angestellten, ein Mann um die fünfzig und ein junger Mann, bedienen die zahlreiche Kundschaft, die den Laden füllt (schwierig, einzutreten). Hauptsächlich Frauen, einige Paare mit Einkaufskörben. Meistens kennt der Fleischer die Namen, er und seine Frau sagen übrigens: « Guten Tag, Frau X », sobald sie der Gegenwart eines Bekannten gewahr werden, wobei sie zugleich jemand anderes bedienen. Wenn es sich um gelegentliche Kunden handelt oder um noch nicht vertraute (nach wie vielen Besuchen wird man es?), bleiben sie kühl, zurückhaltend, das Gespräch auf die Art und die Menge des Fleisches begrenzt. Der Ablauf ist anders mit den Stammkunden. Langsamkeit der Auswahl, die Kundin lässt ihren Blick über die auf der gekühlten Auslage ausgestellten Fleischstücke schweifen, « ich hätte gern ein dickes Lendenstück » , sie fragt nach Rat, « reicht das für zwei Personen? ».

64 Des emplois précaires *

— Je dois partir dimanche en fin d'après-midi, j'ai beaucoup de route, je travaille lundi matin.

— Qu'est-ce que tu fais ?

— Là c'est pour une classe de neige. Mais j'ai fait un peu de tout : caissière, vendeuse de vêtements, serveuse dans un bar un peu chaud, j'ai même dansé sur les tables. Je bosse beaucoup à la campagne en été, pour les vendanges, la cueillette de fraises, de pommes. Je prends ce qui vient, ce que je trouve. Quand j'ai gagné assez, je repars.

— Mais... tu vis où ?

— Je n'ai pas de maison, si c'est ce que tu veux savoir. Mon adresse officielle, c'est chez mes parents, en Écosse. De temps en temps je retourne me faire cajoler chez eux. J'aime bien rester en France. Ma grand-mère était française, c'est pour ça que je parle si bien ou si mal le français. À la belle saison, je fais surtout du camping, même si ça m'est déjà arrivé de dormir dans ma voiture. Sinon je vais à l'hôtel.

Karine Reysset, *En douce*, éditions du Rouergue, 2004, p. 57

▶ Au fil du texte

■ Repères lexicaux

– l'emploi précaire : « die unsichere Arbeitsstelle (n) » ; « le contrat à durée déterminée » : « der befristete Arbeitsvertrag » ; « le contrat à durée indéterminée » : « der unbefristete Arbeitsvertrag »

– là : n'a pas ici de sens locatif, mais serait synonyme de « cette fois », « diesmal »

– la classe de neige : « die Skifreizeit », « die Ski-Klassenfahrt », « das Skilager »

– un peu de tout : « allerlei »

– la serveuse : « die Kellnerin (nen) »

– le bar : « die Bar (s) » (féminin en allemand)

– un peu : « etwas » (quantificateur) à ne pas confondre avec l'indéfini « etwas », « quelque chose ».

– bosser : « jobben »

– la vendange : « die Weinlese », « die Weinernte »

– la cueillette : « die Ernte » ; « cueillir » : « ernten », « pflücken »

– la fraise : « die Erdbeere (n) » ; « la framboise » : « die Himbeere (n) » ; « la myrtille » : « die Heidelbeere (n) ». « Die Beere (n) » signifie « la baie sauvage ».

- gagner (de l'argent) : « verdienen » ; « gagner au jeu » : « gewinnen (a,o) »
- tu vis : ici plutôt au sens de « tu habites », « du wohnst »
- officiel : « offiziell »
- l'Écosse : « Schottland » ; « l'Écossais » : « der Schotte (n,n) »
- me faire cajoler : « ich lasse mich umsorgen » ; en général « cajoler » se dit « liebkosen » (« elle cajole son chat » : « sie liebkost ihre Katze »).
- la belle saison : « die schöne Jahreszeit »
- faire du camping : « campen »
- arriver : « passieren ». « Il m'est arrivé de » : « Es ist mir passiert,…zu + infinitif », « es ist schon vorgekommen, dass… »
- sinon : « sonst »

■ Repères grammaticaux
- lundi matin : « am Montagmorgen » s'écrit en un seul mot depuis la réforme de l'orthographe allemande, comme « am Sonntagabend ». À savoir : « le lundi matin » au sens de « tous les lundis matins » : « montagmorgens » qui prend une minuscule et s'écrit en un seul mot, comme « tous les dimanches soirs », « le dimanche soir » : « sonntagabends ».

❱ *Proposition de traduction*

Unsichere Arbeitsstellen

« Ich muss am Sonntag am Ende des Nachmittags weggehen, ich habe eine lange Fahrt vor mir, ich arbeite am Montagmorgen. »
« Was machst du? »
« Diesmal ist es für eine Skifreizeit. Aber ich habe schon allerlei gemacht: Kassiererin, Bekleidungsverkäuferin, Kellnerin in einer etwas heißen Bar, ich habe sogar auf den Tischen getanzt. Ich jobbe viel auf dem Land im Sommer zur Weinlese, zur Erdbeerernte, zur Apfelernte, ich nehme einfach, was sich so anbietet, was ich finde. Wenn ich genug verdient habe, gehe ich wieder. »
« Aber… wo lebst du? »
« Ich habe kein Haus, wenn das deine Frage ist. Meine offizielle Adresse ist bei meinen Eltern, in Schottland. Ab und zu fahre ich zurück zu ihnen, um mich umsorgen zu lassen. Ich bleibe gern in Frankreich. Meine Großmutter war Französin, deshalb spreche ich so gut oder so schlecht Französisch. Während der schönen Jahreszeit campe ich hauptsächlich, selbst wenn es mir schon passiert ist, im Auto zu schlafen. Sonst gehe ich ins Hotel. »

$\boxed{65}$ La vie politique (2) **

1. La chancelière fédérale est considérée comme la femme la plus puissante du monde.
2. Expliquez-moi quelles mesures ont été prises par le gouvernement fédéral en 1990.
3. Avant de critiquer ses propositions, j'aimerais écouter le prochain discours du ministre de l'Intérieur.
4. La semaine de 35 heures ne peut pas être remise en question par l'opposition.
5. La loi a été ratifiée par les représentants des pays européens lors de la dernière réunion à Bruxelles.
6. Sans l'accord du Parlement, l'armée allemande ne peut pas intervenir à l'étranger.
7. Il sait aussi bien que moi combien la situation était tendue en 1989.
8. Le ministre des Affaires étrangères fait lever l'embargo contre l'Iran.
9. Les droits fondamentaux n'avaient pas été respectés dans l'ex-Allemagne de l'Est.
10. La décision prise par le ministre de l'Économie de faire baisser les impôts sera certainement populaire.

▶ *Proposition de traduction*

1. Die Bundeskanzlerin wird als die mächtigste Frau der Welt betrachtet.
2. Erklären Sie mir, welche Maßnahmen 1990 von der Bundesregierung ergriffen wurden.
3. Bevor ich seine Vorschläge kritisiere, möchte ich mir die nächste Rede des Innenministers anhören.
4. Die 35-Stundenwoche kann durch die / von der Opposition nicht in Frage gestellt werden.
5. Das Gesetz wurde während der letzten Versammlung in Brüssel durch die Vertreter der europäischen Länder verabschiedet.
6. Ohne die Zustimmung des Bundestags kann die deutsche Bundeswehr im Ausland nicht intervenieren.
7. Er weiß so gut wie ich, wie angespannt die Lage 1989 war.
8. Der Außenminister lässt das Embargo gegen den Iran aufheben.
9. Die Grundrechte waren in der ehemaligen DDR nicht geachtet worden.
10. Der vom Wirtschaftsminister getroffene Entschluß, die Steuern zu senken, wird bestimmt populär.

66 Querelles familiales ***

Grand-mère, de son côté, s'était fâchée tout rouge quand les cousins avaient évoqué pour le jour de la cérémonie de décorer la 2 CV de voiles et de rubans et de peinturlurer à l'arrière, sur le coffre bombé, « Vive les mariés » : qu'on ne compte pas la voir participer à une telle mascarade. D'une façon générale, la 2 CV était entre grand-père et elle un sujet permanent de discorde. Non qu'elle lui reprochât sa mise modeste. Leurs finances leur interdisaient depuis longtemps les voitures plus reluisantes correspondant au temps de leur splendeur. Grand-mère acceptait en femme énergique ces mauvais coups du sort et, du moment que les principes étaient saufs, n'attachait pas d'importance à la perte des signes extérieurs qui posent le notable.

Jean Rouaud, *Les Champs d'honneur*, éditions de Minuit, 1990, p. 28-29

▶ *Au fil du texte*

■ Repères lexicaux

– la querelle : « die Streitigkeit (en) », « der Zwist (e) » (niveau de langue élevé)

– de son côté : « ihrerseits » ou « seinerseits » au masculin ; « de mon côté » : « meinerseits »

– se fâcher tout rouge : « ganz zornig werden » ; « être rouge de colère » : « rot vor Zorn sein »

– le cousin : « der Vetter (-) », « der Cousin (s) » ; « la cousine » : « die Kusine (n) »

– évoquer : « die Möglichkeit erwähnen »

– la cérémonie : « die Feierlichkeiten » (au pluriel), « die Feier », « die Zeremonie »

– décorer : « schmücken », « zieren », « dekorieren »

– la 2 CV : « die Ente (n) » (mot à mot : « le canard »)

– le voile : « der Schleier (-) »

– le ruban : « das Band (¨er) » ; le masculin « der Band (¨e) » signifie « le tome ».

– peinturlurer sur : « schmieren auf + acc. »

– l'arrière de l'auto : « hinten », « das Heck des Autos »

– le coffre : « der Kofferraum (¨e) »

– bombé : « gewölbt »

– vive… ! : « es lebe …! », « es leben …! » (au pluriel), « hoch …! »

– les mariés : « das Brautpaar », ou bien « die Jungvermählten » ; « le marié » : « der Bräutigam » ; « la mariée » : « die Braut »

– compter sur : « rechnen mit + datif »

- participer à : ici au sens de « se joindre à », « sich beteiligen an + datif »
- la mascarade : « die Maskerade », « der Mummenschanz »
- d'une façon générale : « allgemein gesprochen », « im Allgemeinen »
- permanent : « ständig »
- le sujet de discorde : « das Streitobjekt (e) »
- non que : « nicht etwa, dass »
- reprocher à : « vor/werfen (i;a,o) + datif » ; « le reproche » : « der Vorwurf (¨e) »
- la mise : « das Aussehen »
- modeste : « bescheiden »
- les finances : « die Finanzen »
- interdire : « untersagen », « verbieten (o,o) »
- reluisant : « prächtig », « glänzend » ; « reluire » : « glänzen »
- correspondre à : « entsprechen (i;a,o) + datif »
- le temps de leur splendeur : « die Glanzzeit »
- le coup du sort : « der Schicksalschlag (¨e) »
- le principe : « das Prinzip (ien) »
- les principes sont saufs : « den Prinzipien ist Genüge getan » (expression idiomatique)
- attacher de l'importance à : « einer Sache (datif) Bedeutung bei/messen (i;a,e) »
- la perte : « der Verlust (e) »
- le signe extérieur : « das äußere Zeichen »
- poser : « hin/weisen (ie,ie) auf + acc. », au sens de « indiquer ».
- le notable : « die Honoratioren » (pluriel), « die angesehene Persönlichkeit ». Il est possible de rendre « des signes qui posent le notable » par « Anzeichen von Ansehen » (« das Ansehen » signifiant « la respectabilité »).

■ Repères grammaticaux

- Non qu'elle lui reprochât sa mise modeste : « Nicht etwa, dass sie ihr ihr Aussehen vorwerfen würde ». Le premier « ihr » est le pronom datif féminin datif (« à elle »), le second est l'article possessif neutre à l'accusatif (« sa mise » : « ihr Aussehen »).
- correspondant à : on peut soit rendre le participe présent par une subordonnée relative (« die ihrer Glanzzeit entsprachen »), soit simplifier la phrase en mettant le groupe nominal au génitif (« die ihrer Glanzzeit »), ou encore en tournant différemment l'ensemble (« wie sie sie zu ihren Glanzzeiten gehabt hatten »).
- du moment que : « solange » (conjonction de subordination, le verbe conjugué est en dernière place dans la subordonnée).

▶ *Proposition de traduction*

Familienstreitigkeiten

Großmutter ihrerseits war richtig zornig geworden, als die Vettern für den Tag der Feierlichkeiten die Möglichkeit erwähnt hatten, die Ente mit Schleiern und Bändern zu schmücken und hinten, auf den gewölbten Kofferraum, « Es lebe das Brautpaar » mit Farbe zu schmieren. Man solle nur nicht damit rechnen, dass sie sich an einer solchen Maskerade beteiligen würde. Allgemein gesprochen war die Ente ein ständiges Streitobjekt zwischen ihr und Großvater. Nicht etwa, dass sie ihr ihr bescheidenes Aussehen vorwerfen würde. Ihre Finanzen untersagten ihnen schon seit langem prächtigere Autos, wie sie sie zu ihren Glanzzeiten gehabt hatten. Als energische Frau nahm Großmutter diese Schicksalschläge hin, und solange den Prinzipien Genüge getan war, maß sie dem Verlust der äußerlichen Anzeichen von Ansehen keine Bedeutung zu.

67 | La vallée du Rhône **

GÉRALD. — Moi, je vais vous dire, j'aime beaucoup l'architecture industrielle en général. Et en particulier dans la région. Je trouve qu'elle s'inscrit parfaitement bien. Si vous prenez les deux cheminées de la Centrale du Tricastin, ça ne me gêne absolument pas, ça ne me choque pas.

ISABELLE. — Moi, ça me dérange profondément. D'ailleurs, on ne peut voir que ça. Le regard n'a pas d'autre choix. Tandis que si on se promène au bord de l'Ardèche, par exemple, moi ça m'apporte un repos, un contact avec la nature, que là je n'ai pas. Cette vallée du Rhône qui est complètement éventrée par les travaux, les routes, les grues, il y a que ça à voir, c'est épouvantable.

GÉRALD. — Ah non, moi je vois une vallée qui vit.

ISABELLE. — Mais moi, ça m'agresse.

GÉRALD. — Et puis écoutez, on n'est pas obligé d'être d'accord sur tout quand on veut vivre ensemble, non ? (*Isabelle se met à le fixer d'un air ironique.*)

Éric Rohmer, *Conte d'automne*,
Petite bibliothèque des Cahiers du cinéma, 1998, p. 157-158

▶ *Au fil du texte*

■ **Repères lexicaux**

– la vallée : « das Tal (¨er) »

– le Rhône : « die Rhone » (sans accent circonflexe), les noms de fleuves sont souvent féminins en allemand (« die Loire », « die Seine », « die Donau ») mais il y a des exceptions (« der Rhein »).

– moi, je vais vous dire : plusieurs possibilités pour rendre « moi, je », on peut commencer la phrase par « also » : « Also ich, ich sage Ihnen », ou bien « Ich für mein Teil, ich sage », ou encore « Was mich anbetrifft / angeht, so sage ich… ».

– en général : « im Allgemeinen »

– en particulier : « besonders »

– la région : « die Gegend (en) »

– elle s'inscrit bien : « in den Rahmen (hinein/)passen », « sich ein/passen in + acc. »

– la cheminée : « der Schlot (e) », « der Schornstein (e) » pour une cheminée industrielle, « der Kamin (e) » pour le chauffage, « der Kühlturm » pour la tour de refroidissement d'une centrale nucléaire.

– la centrale nucléaire : « das Kernkraftwerk (e) »

– gêner : « stören » ; « la gêne », « le dérangement » : « die Störung (en) »

– absolument pas : « keineswegs »

- choquer : « schokieren »
- profondément : « zutiefst »
- d'ailleurs : « übrigens »
- on ne peut voir que ça : « es ist unübersehbar », « man kann es nicht übersehen ». « Übersehen » signifie « ne pas voir », « le regard passe au-dessus de ».
- le regard : « der Blick (e) » ; « le regard n'a pas d'autre choix » : préférer à « keine andere Wahl haben » l'adverbe « unausweichlich », « inévitablement ».
- le bord : « das Ufer (-) »
- le repos : « die Ruhe »
- complètement : « völlig »
- éventrer : « auf/reißen (i,i) »
- les travaux, le chantier : « die Baustelle (n) », « die Bauarbeiten » (pluriel)
- la grue : « der Kran (¨e) »
- épouvantable : « furchtbar »
- agresser : « an/greifen (i,i) » ; « ça m'agresse » au sens de « ça me choque » : « ich fühle mich angegriffen ».
- écoutez : « hören » à l'impératif, mais pas « zu/hören » (« je t'écoute » : « ich höre dir zu »). On pourrait également proposer « quoi qu'il en soit » : « wie dem auch sei ».
- être d'accord sur une chose : « überein/stimmen in + datif », « einverstanden sein über + acc. »
- fixer : « fixieren »
- d'un air ironique : « mit einem ironischen Blick » ; « l'ironie » : « die Ironie »

■ **Repères grammaticaux**

- tandis que : « während », conjonction de subordination, à ne pas confondre avec la préposition « während + génitif » : « pendant » + substantif
- Écoutez : « Hören Sie! ». Les quatre personnes de l'impératif sont en allemand : « Hör! », « Hören wir! », « Hört », « Hören Sie! ».

▶ *Proposition de traduction*

Das Rhonetal

GÉRALD – « Also ich, ich sage Ihnen, ich liebe industrielle Architektur im Allgemeinen. Und besonders hier in der Gegend. Ich finde, sie passt hervorragend in den Rahmen. Nehmen wir die beiden Schlote des Kernkraftwerks von Tricastin: Das stört mich keineswegs, es schockiert mich nicht. »

ISABELLE – « Mich stört es zutiefst. Übrigens ist es unübersehbar. Der Blick fällt unausweichlich darauf. Dagegen bringt mir zum Beispiel ein Spaziergang am Ufer der Ardèche Ruhe, Kontakt mit der Natur, was ich da nicht habe. Dieses Rhonetal, das durch Baustellen, Straßen, Kräne völlig aufgerissen ist; Es gibt ja nichts anderes zu sehen, das ist furchtbar. »

Gérald – « Aber nein, ich sehe ein Tal, das lebt. »

ISABELLE – « Aber ich fühle mich angegriffen. »

GÉRALD – « Na ja, hören Sie, man muss nicht in allem übereinstimmen, wenn man zusammen leben will, oder? » *(Isabelle fixiert ihn dann mit einem ironischen Blick.)*

68 Les media **

1. Après avoir appris la nouvelle sur le réseau social, elle a tout de suite averti ses amies.
2. Pendant son stage à la Deutsche Welle, elle a souvent été invitée par des journalistes étrangers.
3. Si seulement les tirages ne baissaient pas continuellement !
4. Au lieu de regarder la télévision, il faut lire les journaux pour se forger sa propre opinion.
5. Dans le passé, l'opinion publique a souvent été manipulée par les différents gouvernements.
6. En lisant ce reportage, j'ai pensé à ce que tu me disais avant-hier.
7. Au fond, je n'avais pas envie de m'abonner à un quotidien pour toute une année.
8. Dans le livre qu'il vient de publier, le journaliste essaie de justifier la démission du gouvernement.
9. Le rédacteur en chef affirme que le Spiegel a révélé de nombreux scandales dans les années soixante-dix.
10. En captant la télévision par satellite ou par cable, on a accès à plus de chaînes.

❭ Proposition de traduction

1. Nachdem sie die Nachricht über das soziale Netzwerk erfahren hatte, hat sie sofort ihre Freundinnen benachrichtigt / informiert.
2. Während ihres Praktikums bei der Deutschen Welle wurde sie oft von ausländischen Journalisten eingeladen.
3. Wenn die Presseauflagen nur nicht ständig sinken würden / sänken!
4. Anstatt fernzusehen, muss man Zeitungen lesen, um sich seine eigene Meinung zu bilden.
5. In der Vergangenheit wurde die öffentliche Meinung oft von den verschiedenen Regierungen manipuliert.
6. Beim Lesen dieser Reportage habe ich daran / an das gedacht, was du mir vorgestern sagtest.
7. Im Grunde genommen hatte ich keine Lust, für ein ganzes Jahr eine Tageszeitung zu abonnieren.
8. In dem Buch, das er gerade veröffentlicht hat, versucht der Journalist, den Rücktritt der Regierung zu rechtfertigen.
9. Der Chefredakteur behauptet, der Spiegel habe in den siebziger Jahren zahlreiche Skandale aufgedeckt.
10. Wenn man Fernsehen per Satellit oder Kabel empfängt, hat man Zugang zu mehr Kanälen.

69 | Les syndicats en France et en Allemagne *

> « Les syndicats français, qui sont divisés et même morcelés, n'ont jamais eu autant d'adhérents que les syndicats allemands. Alors qu'en Allemagne le droit des salariés se joue avant tout dans la négociation collective, en France, c'est la loi qui est déterminante. [...] Hier comme aujourd'hui, le syndicalisme allemand a su construire des compromis entre les intérêts des salariés et des entreprises, avec un grand pragmatisme, à travers une pratique du dialogue. »
>
> Interview de Marcel Grignard, secrétaire adjoint de la CFDT, *ParisBerlin*

▶ *Au fil du texte*

■ Repères lexicaux

- le syndicat : « die Gewerkschaft (en) »
- diviser : « teilen » ; « la division » : « die Teilung »
- morceler : « zerstückeln » ; « le morcellement » : « die Zerstückelung »
- l'adhérent : « das Mitglied (er) »
- le droit : « das Recht » ; « étudier le droit » : « Jura studieren »
- se jouer : il est impossible de traduire par « sich ab/spielen », il faut tourner différemment par exemple avec « bestimmt werden », « être déterminé par ».
- la négociation collective : « die Tarifverhandlungen » (au pluriel en allemand) ; « la négociation » : « die Verhandlung (en) »
- la loi : « das Gesetz (e) » ; « la législation » : « die Gesetzgebung »
- déterminant : « entscheidend »
- hier comme aujourd'hui : « heute wie gestern » (et non l'inverse)
- le syndicalisme : « die Gewerkschaftsbewegung »
- a su : « hat es verstanden », « ist es (+ datif de la personne) gelungen »
- construire des compromis, trouver des compromis : « Kompromisse schließen (o,o) » ; « le compromis » : « der Kompromiss (e) »
- le pragmatisme : « der Pragmatismus », « die Pragmatik » ; « avec un grand pragmatisme » : « mit viel Pragmatik », « mit einem großen Pragmatismus » ; « pragmatique » : « pragmatisch »
- à travers : « mittels + génitif »
- la pratique : « die Praxis »

- **Repères grammaticaux**

  - Les syndicats français, qui sont divisés et même morcelés : « Die französischen Gewerkschaften, geteilt, sogar zerstückelt » si l'on choisit d'alléger la phrase en utilisant des participes passés qui sont postposés et rejetés après une virgule ; ou bien « die französischen Gewerkschaften, die geteilt, sogar zerstückelt sind » si l'on conserve la subordonnée relative comme en français.
  - autant d'adhérents que : « so viele Mitglieder wie », il s'agit d'un comparatif d'égalité où le « que » français est rendu par « wie » (et surtout pas par « als » !). Dans le cas du comparatif de supériorité, on aurait par contre « plus que » traduit par « mehr als ».
  - le syndicalisme allemand a su construire des compromis : « die Gewerkschaftsbewegung hat es verstanden, Kompromisse zu schließen ». Le verbe « savoir » est rendu par « es schaffen », qui a le sens de « réussir », et est ici suivi d'une subordonnée infinitive : « zu schließen ». À savoir : « schaffen » est un verbe régulier, contrairement à « schaffen (u,a) » qui signifie « créer ».

❱ *Proposition de traduction*

Die Gewerkschaften in Frankreich und in Deutschland

« Die französischen Gewerkschaften, geteilt, sogar zerstückelt, haben nie so viele Mitglieder gehabt wie die deutschen Gewerkschaften. Während in Deutschland das Recht der Arbeitnehmer vor allem im Rahmen von Tarifverhandlungen geregelt wird, ist in Frankreich das Gesetz entscheidend. [...] Heute wie gestern hat die deutsche Gewerkschaftsbewegung es verstanden, Kompromisse zwischen den Interessen der Arbeitnehmer und denen der Unternehmen zu schließen, mit viel Pragmatik und mittels einer Praxis des Dialogs. »

70 Les jobs des étudiants **

[Sujet Ecricome LV1 2009]

Vendeuse dans un magasin de mode ? Baby-sitter ? À peine l'année universitaire commencée, la question du job étudiant occupe les esprits. Selon une enquête, 46 % des étudiants ont désormais une activité salariée. Ce sont même les trois quarts d'entre eux qui travaillent si l'on ajoute ceux qui ont un job d'été. Ainsi Élodie, étudiante dans une école de cinéma, travaille comme serveuse dans un restaurant deux à trois soirs par semaine pour payer son loyer. « En temps normal, je gagne 500 euros par mois, mais mon salaire peut monter à 1 800 euros pendant les vacances », explique-t-elle.

La plupart le reconnaissent : trouver un emploi est souvent devenu très facile. Pourtant, tout n'est pas rose. « 17 % des étudiants ont un travail qui les pénalise fortement dans leurs études. Il s'agit de ceux qui exercent un travail au moins à mi-temps ou travaillent la nuit. Ces étudiants-là ont 40 % de chance en moins que leurs camarades de réussir dans leurs études », explique un expert.

D'après *Le Figaro*, 20-21.09.2008

▶ *Au fil du texte*

■ Repères lexicaux

- le job : « der Job (s) » ; « avoir un job » : « jobben »
- la vendeuse : « die Verkäuferin (nen) » ; « le vendeur » : « der Verkäufer (-) » ; « vendre » : « verkaufen » ; « acheter » : « kaufen »
- le magasin de mode : « das Modegeschäft (e) », « die Boutique (n) »
- à peine : « kaum »
- l'année universitaire : on compte en Allemagne en semestres d'étude, on traduira par « das Semester ».
- occuper les esprits : « beschäftigen ». On ne peut ici traduire « les esprits » par « die Geister », qui signifie « les fantômes ».
- selon : « laut + datif », « zufolge » avec un datif antéposé (« einer Studie zufolge »)
- l'enquête : « die Studie (n) »
- désormais : « mittlerweile », « nunmehr »
- une activité salariée : « eine bezahlte Arbeit »
- le quart : « das Viertel » ; « trois quarts » : « drei Viertel » ; « le tiers » : « das Drittel »

– ajouter : ici au sens quantitatif, « hinzu/rechnen » ; « ajouter une remarque » : « hinzu/fügen »

– une école de cinéma : « l'école » est ici sans aucun doute une école post-bac, traduire par « die Hochschule (n) » ; « le cinéma » (au sens d'art cinématographique) et « le film » : « der Film (e) », alors que « das Kino (s) » désigne la « salle de cinéma ».

– la serveuse : « die Kellnerin (nen) » ; « le serveur » : « der Kellner (-) » ; « faire le service dans un café » : « kellnern »

– le loyer : « die Miete (n) » ; « louer » (pour le locataire) : « mieten »

– 500 euros : « 500 Euro », sans -s au pluriel ; « der Euro (-) » : « l'euro » ; « le centime » : « der Cent (-) »

– le salaire : « der Lohn ("e) »

– monter à : « steigen (ie,ie) (bis) auf + acc. »

– la plupart : « die meisten »

– reconnaître : non pas « erkennen (a,a) », qui signifie « identifier » (reconnaître quelque chose de déjà connu), mais « zu/geben (i;a,e) » qui a le sens de « admettre » (reconnaître qu'une idée est juste).

– tout n'est pas rose : « es ist nicht alles rosig ». Par contre, la couleur « rose » est l'adjectif invariable « rosa ».

– pénaliser : « benachteiligen » (« un travail qui les pénalise » : « eine Arbeit, die sie im Studium benachteiligt »), ou bien « beeinträchtigen » (« eine Arbeit, die ihr Studium beeinträchtigt »)

– travailler à mi temps : « halbtags / halbzeit arbeiten » ; « travailler à temps partiel » : « Teilzeit arbeiten »

– la nuit : « nachts », complément de temps au génitif

– réussir dans les études : « das Studium erfolgreich ab/schließen (o,o) » qui veut précisément dire « terminer ses études avec un diplôme ».

– l'expert : « der Experte (n,n) », « der Fachmann ("er) »

▶ *Proposition de traduction*

Die Jobs der Studenten

Verkäuferin in einem Modegeschäft? Babysitter? Kaum hat das Semester angefangen, beschäftigt die Jobfrage die Studenten. Laut einer Studie haben mittlerweile 46% der Studenten eine bezahlte Arbeit. Es sind sogar drei Viertel, die arbeiten, wenn man die hinzurechnet, die einen Sommerjob haben. Elodie zum Beispiel, Studentin an einer Filmhochschule, arbeitet zwei bis drei Abende pro Woche als Kellnerin in einem Restaurant, um ihre Miete zu bezahlen. « Normalerweise verdiene ich 500 Euro pro Monat, aber in den Ferien kann mein Lohn bis auf 1 800 Euro steigen », erklärt sie. Die meisten geben es zu: Eine Arbeit zu finden ist oft sehr leicht geworden. Jedoch ist nicht alles rosig. « 17 Prozent der Studenten haben eine Arbeit, die sie im Studium stark benachteiligt. Es handelt sich um diejenigen, die zumindest halbtags oder nachts arbeiten. Diese Studenten haben 40% weniger Chancen als ihre Kommilitonen, ihr Studium erfolgreich abzuschließen », erklärt ein Experte.

71 L'environnement, l'énergie **

1. Si seulement nous consommions tous moins d'énergie !
2. En construisant des centrales nucléaires, on espérait produire du courant bon marché.
3. D'immenses parcs d'éoliennes ont été construits l'année dernière en mer du Nord loin de la côte.
4. Beaucoup d'Allemands mais nettement moins de Français ont conscience du danger des gaz à effet de serre.
5. Le réchauffement climatique qui est dû aux émissions de CO_2 préoccupe le gouvernement fédéral.
6. Les Verts avaient d'abord voulu combattre le projet de nouvelle gare à Stuttgart.
7. Depuis les années 80, la protection de l'environnement est un thème majeur de toutes les campagnes politiques.
8. Désormais, les chercheurs du monde entier attendent beaucoup du prototype de réacteur à fusion ITER.
9. On attribue à la pollution de l'air des grandes villes de nombreuses maladies infantiles.
10. L'Allemagne est en pointe pour la recherche en géothermie.

▶ *Proposition de traduction*

1. Wenn wir alle nur weniger Energie verbrauchen würden / verbrauchten!
2. Indem man Kernkraftwerke baute, hoffte man, billigen Strom zu produzieren.
3. Riesige Windparks wurden letztes Jahr in der Nordsee weitab von der Küste gebaut.
4. Viele Deutsche aber viel weniger Franzosen sind sich der Gefahr der Treibhausgase bewusst.
5. Die Klimaerwärmung, die auf die CO_2-Emissionen zurückzuführen ist, besorgt die Bundesregierung.
6. Die Grünen hatten zuerst das Projekt eines neuen Bahnhofs in Stuttgart bekämpfen wollen.
7. Seit den 80er Jahren ist der Umweltschutz ein wesentliches Thema aller politischen Kampagnen.
8. Die Forscher der ganzen Welt erwarten nun viel vom Prototyp des Fusionreaktors ITER.
9. Die Luftverschmutzung der großen Städte wird für viele Kinderkrankheiten verantwortlich gemacht.
10. Deutschland belegt im Bereich der Geothermie / der Erdwärme die Spitzenposition.

Index

Les chiffres renvoient à la numérotation des textes

■ *Sujets abordés dans les thèmes*

■ *Sources*

▪ Thèmes grammaticaux de concours

▪ Thèmes d'annales de concours

■ **Articles**

AFP : 58
CIDAL : 8
Deutschland : 11
Dictionnaire du monde germanique : 13
Diplomatie : 48
Le Figaro : 70
Manière de voir : 32, 49
Le Monde : 17, 27, 29, 33, 34, 40, 43
ParisBerlin : 69
Télérama : 47
L'Usine Nouvelle : 2, 19
www.conso-école : 37
www.ladepeche : 3

Extraits d'œuvres littéraires et d'essai

Table des matières

Les astérisques indiquent le degré de difficulté des exercices.

Cet ouvrage a été achevé d'imprimer en juin 2018
dans les ateliers de Normandie Roto Impression s.a.s.
61250 Lonrai
N° d'imprimeur : 1802481
Dépôt légal : mars 2013

Imprimé en France